찰 한 (12)	별 진 (7)	날 일 (4)	집 우 (6)	하늘 천 (4)
寒	**辰**	**日**	**宇**	**天**
올 래 (8)	잘 숙 (10)	달 월 (4)	집 주 (8)	따 지 (6)
來	**宿**	**月**	**宙**	**地**
더울 서 (13)	벌릴 렬 (6)	찰 영 (9)	넓을 홍 (9)	검을 현 (5)
暑	**列**	**盈**	**洪**	**玄**
갈 왕 (8)	베풀 장 (11)	기울 축 (8)	거칠 황 (10)	누를 황 (12)
往	**張**	**昃**	**荒**	**黃**

추위가 오고, 더위가 간다.

별들이 하늘에 벌리어 있다.

해는 서쪽으로 기울고, 달도 차면 기운다.

우주는 크고 넓기가 한이 없다.

하늘은 검고, 땅은 누르다.

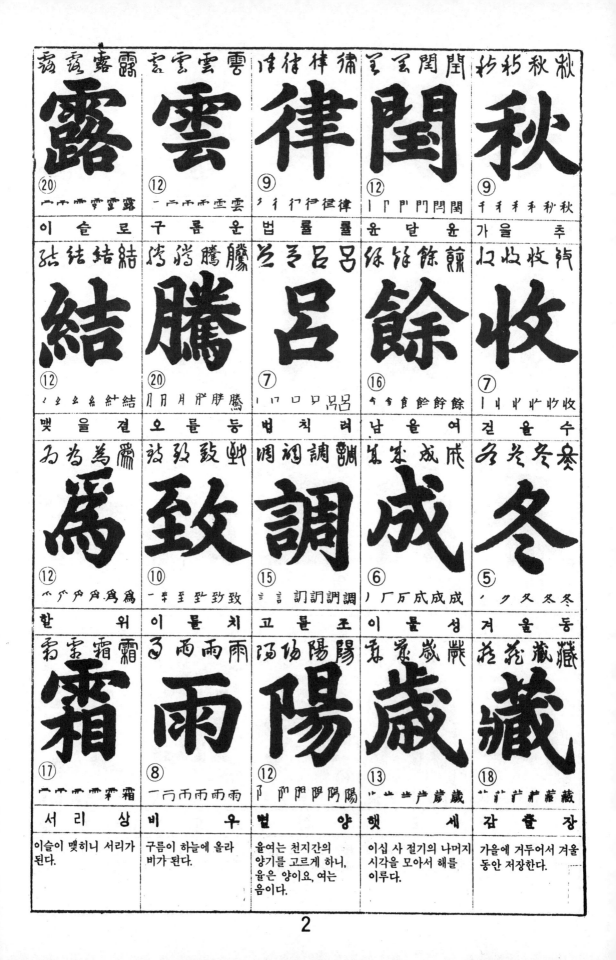

露 ⑳ 이슬 로	雲 ⑫ 구름 운	律 ⑨ 법률 률	閏 ⑫ 윤달 윤	秋 ⑨ 가을 추
結 ⑫ 맺을 결	騰 ⑳ 오를 등	呂 ⑦ 법칙 려	餘 ⑯ 남을 여	收 ⑦ 걷을 수
爲 ⑫ 할 위	致 ⑩ 이룰 치	調 ⑮ 고룰 조	成 ⑥ 이룰 성	冬 ⑤ 겨울 동
霜 ⑰ 서리 상	雨 ⑧ 비 우	陽 ⑫ 볕 양	歲 ⑬ 해 세	藏 ⑱ 감출 장

이슬이 맺히니 서리가 된다.	구름이 하늘에 올라 비가 된다.	율여는 천지간의 양기를 고르게 하니, 율은 양이요, 여는 음이다.	이십 사 절기의 나머지 시각을 모아서 해를 이루다.	가을에 거두어서 겨울 동안 저장한다.

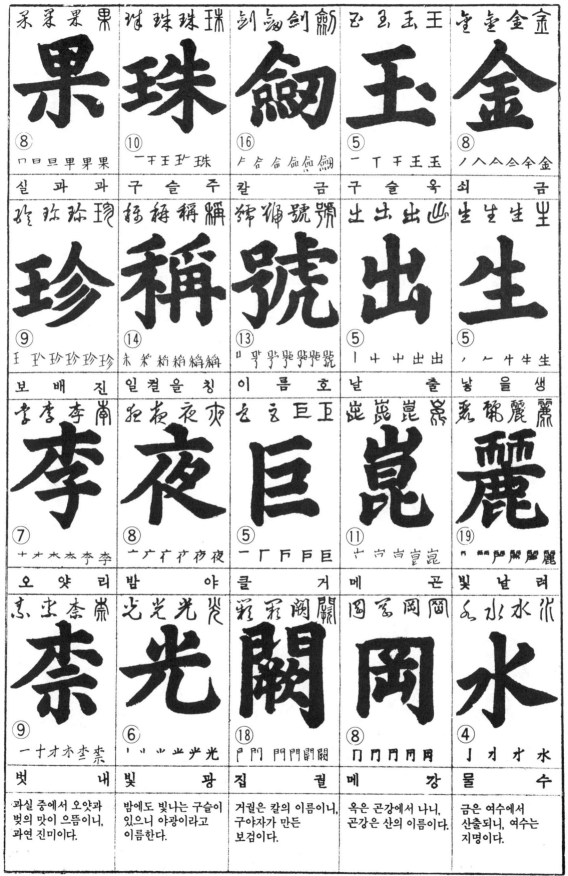

果 ⑧	珠 ⑩	劍 ⑯	玉 ⑤	金 ⑧
口日旦甲果果	一千王玠珠	斤合合僉劍	一丁于王玉	丿入入仝全金
실과 과	구슬 주	칼 검	구슬 옥	쇠 금

珍 ⑨	稱 ⑭	號 ⑬	出 ⑤	生 ⑤
王珍珍珍珍	禾釈絇稍稱稱	口号号號號號	一屮屮出出	丿一牛牛生
보배 진	일컬을 칭	이름 호	날 출	낳을 생

李 ⑦	夜 ⑧	巨 ⑤	崑 ⑪	麗 ⑲
十才木本李李	一广广疒夜夜	一厂厂戶巨	十屵屵崑崑崑	广严严严麗麗
오얏 리	밤 야	클 거	메 곤	빛날 려

柰 ⑨	光 ⑥	闕 ⑱	岡 ⑧	水 ④
一十才木杢柰	丨丨业业光光	尸門門門闕闕	冂冂門門門岡	丨丁才水
벗 내	빛 광	집 궐	메 강	물 수

과실 중에서 오얏과 벗의 맛이 으뜸이니, 과연 진미이다.	밤에도 빛나는 구슬이 있으니 야광이라고 이름한다.	거궐은 칼의 이름이니, 구야자가 만든 보검이다.	옥은 곤강에서 나니, 곤강은 산의 이름이다.	금은 여수에서 산출되니, 여수는 지명이다.

3

새 조 (11)	용 룡 (16)	비늘 린 (23)	바다 해 (10)	나물 채 (8)
鳥	龍	鱗	海	菜
벼슬 관 (8)	스승 사 (10)	잠길 잠 (15)	짤 함 (17)	무거울 중 (9)
官	師	潛	鹹	重
사람 인 (2)	불 화 (4)	깃 우 (6)	물 하 (8)	겨자 개 (8)
人	火	羽	河	芥
임금 황 (9)	임금 제 (9)	날개 상 (12)	맑을 담 (11)	생강 강 (17)
皇	帝	翔	淡	薑

조관과 인황은 고대 중국의 두 임금이다.

용사와 화제는 위대한 두 임금을 칭하는 이름이다.

비늘 있는 고기는 물 속에 잠기고, 새는 날개가 있어서 하늘에 난다.

바닷물은 짜고, 민물은 맛이 없다.

나물에는 겨자와 생강이 중하다.

弔 ⑥	有 ⑥	推 ⑪	乃 ②	始 ⑧
조 상	있을 유	밀 추	이에 내	비로소 시
民 ⑤	虞 ⑬	位 ⑦	服 ⑧	制 ⑧
백성 민	나라 우	자리 위	옷 복	제법 제
伐 ⑥	陶 ⑪	讓 ㉔	衣 ⑥	文 ④
칠 벌	질그릇 도	사양 양	옷 의	글월 문
罪 ⑬	唐 ⑩	國 ⑪	裳 ⑭	字 ⑥
허물 죄	나라 당	나라 국	치마 상	글자 자

백성을 사랑하여 위문하고 죄를 벌하다.

유우는 순 임금을 일컬음이요, 도당은 요 임금을 일컬음이다.

벼슬을 미루고 나라를 사양하니,

의복을 지어 입다.

비로소 문자를 만들고

①	②	③	④	⑤
一 厂 厂 产 臣 臣 臣	〃 爫 产 恶 恶 愛 愛	二 キ 乗 乗 垂 垂	〃 〃 〃 坐 坐 坐	丨 冂 冂 円 用 周
臣	愛	垂	坐	周
⑥	⑬	⑧	⑦	⑧
신하 신	사랑 애	드릴 수	앉을 좌	두루 주
伏	育	拱	朝	發
丿 亻 仆 伏 伏	一 亠 六 育 育 育	扌 扌 扩 拌 拱 拱	直 直 卓 朝 朝 朝	丿 ヲ ヲ 癶 恭 發
⑥	⑧	⑨	⑫	⑫
엎드릴 복	기를 육	꽂을 공	아침 조	필 발
戎	黎	平	問	殷
一 ナ 开 戎 戎	禾 初 黎 黎 黎 黎	一 丷 丂 立 平	丨 冂 冃 門 門 問	户 户 房 肒 殷 殷
⑥	⑮	⑤	⑪	⑩
되 융	검을 려	평할 평	물을 문	나라 은
羌	首	章	道	湯
丷 丷 芏 羊 羌	丷 丷 产 芦 首 首	亠 立 咅 音 章	艹 芦 首 首 道 道	氵 氵 沪 浔 渇 湯
⑧	⑨	⑪	⑬	⑫
되 강	머리 수	글월 장	길 도	끓을 탕

| 변방의 오랑캐들이 신하로서 복종하다. | 백성을 사랑으로 기르다 (다스리다). | 임금에게 덕이 있으니, 팔짱을 끼고 편히 나라를 다스렸다. | 조정에 앉아서, 치국의 도를 묻다. | 발은 주나라를 세웠고, 탕은 은나라의 임금이다. |

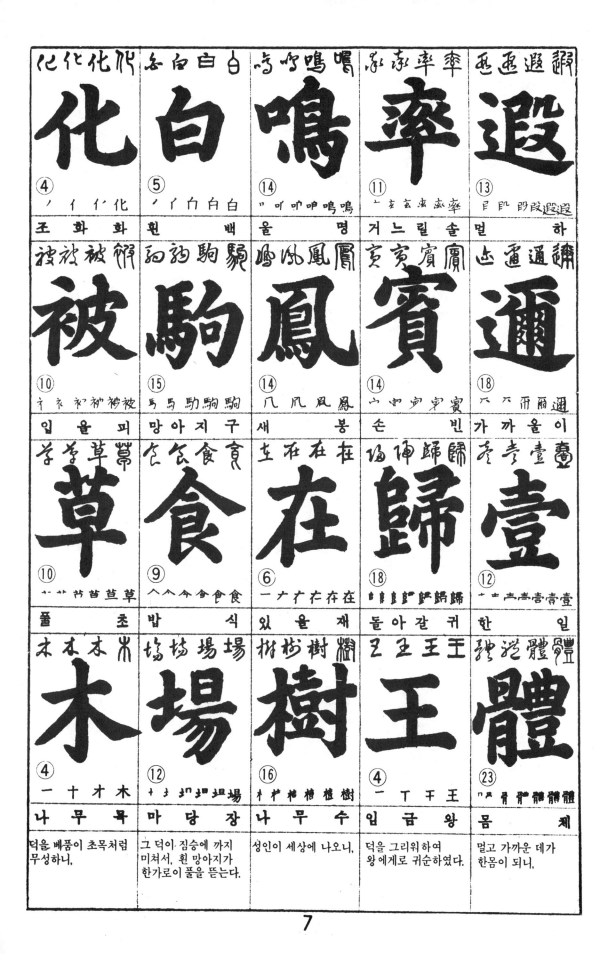

化 ④ 조화 화	白 ⑤ 흰 백	鳴 ⑭ 울 명	率 ⑪ 거느릴 솔	遐 ⑬ 멀 하
被 ⑩ 입을 피	駒 ⑮ 망아지 구	鳳 ⑭ 새 봉	賓 ⑭ 손 빈	通 ⑱ 가까울 이
草 ⑩ 풀 초	食 ⑨ 밥 식	在 ⑥ 있을 재	歸 ⑱ 돌아갈 귀	壹 ⑫ 한 일
木 ④ 나무 목	場 ⑫ 마당 장	樹 ⑯ 나무 수	王 ④ 임금 왕	體 ㉓ 몸 체

덕을 베품이 초목처럼 무성하니,

그 덕이, 짐승에 까지 미쳐서, 흰 망아지가 한가로이 풀을 뜯는다.

성인이 세상에 나오니,

덕을 그리워하여 왕에게로 귀순하였다.

멀고 가까운 데가 한몸이 되니,

豈 ⑩	恭 ⑩	四 ⑤	蓋 ⑪	賴 ⑯
어찌 기	공손 공	넉 사	덮을 개	힘입을 뢰
敢 ⑫	惟 ⑪	大 ③	此 ⑥	及 ④
용감할 감	오직 유	큰 대	이 차	미칠 급
毀 ⑬	鞠 ⑰	五 ④	身 ⑦	萬 ⑬
헐 훼	칠 국	다섯 오	몸 신	일만 만
傷 ⑬	養 ⑮	常 ⑪	髮 ⑮	方 ④
상할 상	기를 양	항상 상	터럭 발	모 방
어찌 감히 그 몸을 상하게 하겠는가.	엄숙히 길러 주시니,	물질적인 네 가지 요소와 다섯 가지 정신적인 요소로 이루어졌다.	대개, 몸과 터럭은,	신뢰함이 만방에까지 닿았다.

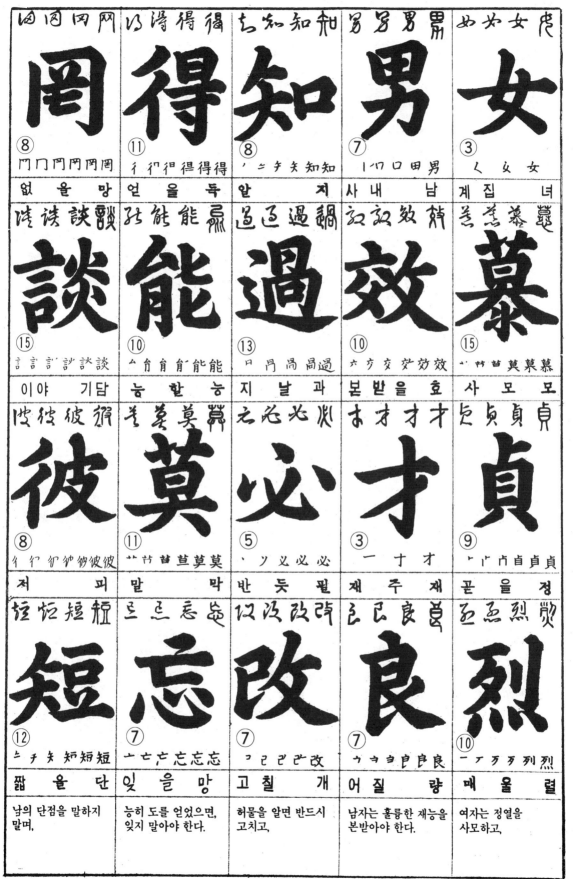

⑧ 罔 없을 망	⑪ 得 얻을 득	⑧ 知 알 지	⑦ 男 사내 남	③ 女 계집 녀
⑮ 談 이야기담	⑩ 能 능할 능	⑬ 過 지날 과	⑩ 效 본받을 효	⑮ 慕 사모 모
⑧ 彼 저 피	⑪ 莫 말 막	⑤ 必 반드시필	③ 才 재주 재	⑨ 貞 곧을 정
⑫ 短 짧을 단	⑦ 忘 잊을 망	⑦ 改 고칠 개	⑦ 良 어질 량	⑩ 烈 매울 렬

남의 단점을 말하지 말며,

능히 도를 얻었으면, 잊지 말아야 한다.

허물을 알면 반드시 고치고,

남자는 훌륭한 재능을 본받아야 한다.

여자는 정열을 사모하고

9

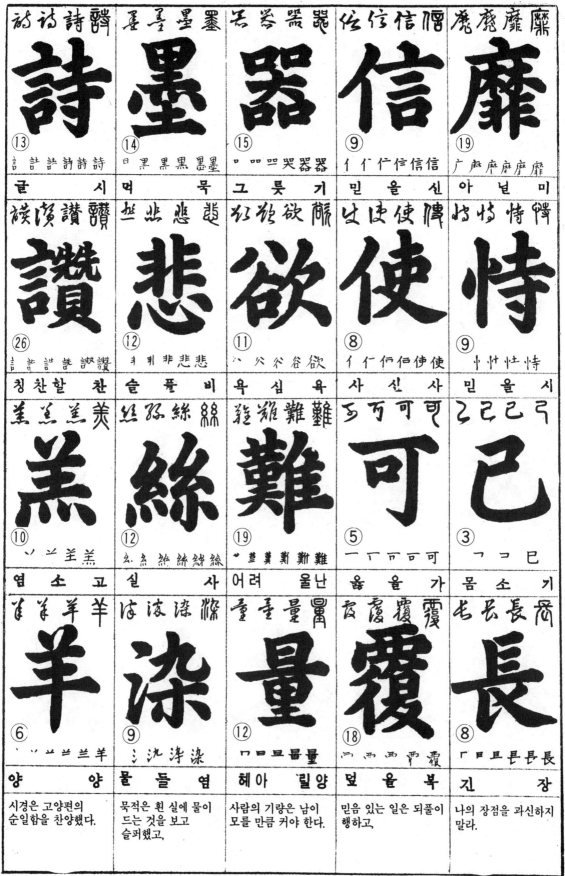

詩 ⑬ 글 시	墨 ⑭ 먹 묵	器 ⑮ 그릇 기	信 ⑨ 믿을 신	靡 ⑲ 아닐 미
讚 ㉖ 칭찬할 찬	悲 ⑫ 슬플 비	欲 ⑪ 욕심 욕	使 ⑧ 사신 사	恃 ⑨ 믿을 시
羊 ⑩ 염소 고	絲 ⑫ 실 사	難 ⑲ 어려울 난	可 ⑤ 옳을 가	己 ③ 몸 소 기
羊 ⑥ 양 양	染 ⑨ 물들 염	量 ⑫ 헤아릴 량	覆 ⑱ 덮을 복	長 ⑧ 긴 장

시경은 고양편의 순일함을 찬양했다.

묵적은 흰 실에 물이 드는 것을 보고 슬퍼했고,

사람의 기량은 남이 모를 만큼 커야 한다.

믿음 있는 일은 되풀이 행하고

나의 장점을 과신하지 말라.

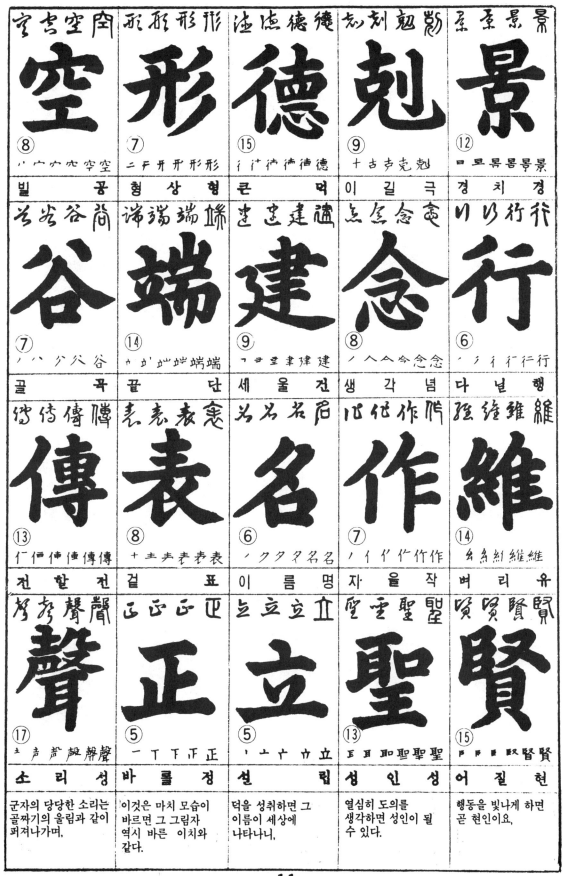

空 ⑧	形 ⑦	德 ⑮	尅 ⑨	景 ⑫
빌 공	형상 형	큰 덕	이길 극	경치 경
谷 ⑦	端 ⑭	建 ⑨	念 ⑧	行 ⑥
골 곡	끝 단	세울 건	생각 념	다닐 행
傳 ⑬	表 ⑧	名 ⑥	作 ⑦	維 ⑭
전할 전	겉 표	이름 명	지을 작	벼리 유
聲 ⑰	正 ⑤	立 ⑤	聖 ⑬	賢 ⑮
소리 성	바를 정	설 립	성인 성	어질 현

군자의 당당한 소리는 골짜기의 울림과 같이 퍼져나가며,

이것은 마치 모습이 바르면 그 그림자 역시 바른 이치와 같다.

덕을 성취하면 그 이름이 세상에 나타나니,

열심히 도의를 생각하면 성인이 될 수 있다.

행동을 빛나게 하면 곧 현인이요,

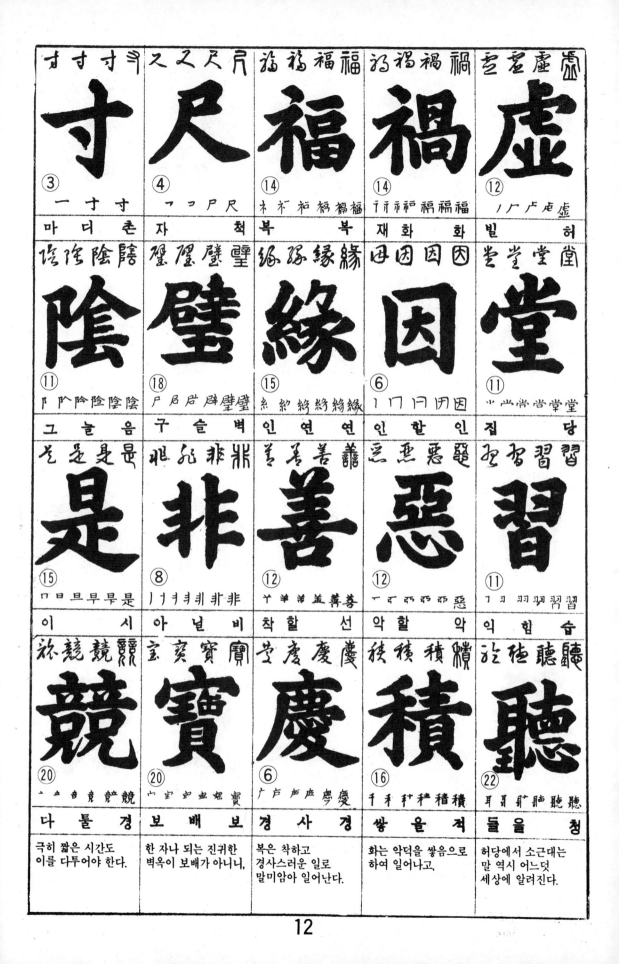

寸	尺	福	禍	虛
③ 一寸寸	④ ㄱㄱㄹ尺	⑭ 礻礻礻福福福	⑭ 礻礻礻禍禍禍福	⑫ ㅣㅏㅏ卢虍虛
마디 촌	자 척	복 복	재화 화	빌 허
陰	璧	緣	因	堂
⑪ 阝阝阦阧陰陰陰	⑱ 尸呂呂呂辟壁璧	⑮ 糸紒紒紒緣緣	⑥ 一冂冂因因	⑪ 小学学堂堂堂
그늘 음	구슬 벽	인연 연	인할 인	집 당
是	非	善	惡	習
⑮ 口日旦昰是是	⑧ ㅣㅏㅓㅕ非非	⑫ 丷半善善善善	⑫ 一一一一一惡惡惡	⑪ ㄱㄱ羽羽習習
이 시	아닐 비	착할 선	악할 악	익힐 습
競	寶	慶	積	聽
⑳ 一立音音竞競	⑳ 宀宁宁空玺寳寶	⑥ 广卢庐庐廖慶	⑯ 千禾禾秆秸積積	㉒ 耳耵耵耵耶聽聽聽
다툴 경	보배 보	경사 경	쌓을 적	들을 청
극히 짧은 시간도 이를 다투어야 한다.	한 자나 되는 진귀한 벽옥이 보배가 아니니,	복은 착하고 경사스러운 일로 말미암아 일어난다.	화는 악덕을 쌓음으로 하여 일어나고,	허당에서 소근대는 말 역시 어느덧 세상에 알려진다.

臨 ⑯ 丨尸臣臣卧卧臨 임할 임	忠 ⑧ 丨口中忠忠忠 충성 충	孝 ⑦ 一十土耂孝孝 효도 효	日 ④ 丨冂日日 가로 왈	資 ⑬ 丶冫次次資資資 재물 자
深 ⑪ 氵汀汇浮深深 깊을 심	則 ⑨ 丨冂月貝貝則 법 칙 측	當 ⑬ 卍严严当常常當 마땅 당	嚴 ⑳ 严严严屛嚴嚴 엄할 엄	父 ④ 丶丷グ父 아비 부
履 ⑮ 尸尸尸尼居履履 밟을 리	盡 ⑮ 二丰聿聿書盡盡 다 할 진	竭 ⑭ 亠立立竹竭竭 다 할 갈	與 ⑭ 臼臼舁舁與與 더불 여	事 ⑧ 一冂曰写事事 일 사
薄 ⑰ 艹艹芦萡薄薄 엷을 박	命 ⑧ 人合合合命命 목숨 명	力 ② 丁力 힘 력	敬 ⑬ 艹艹芍芍敬敬 공경 경	君 ⑦ 丁コ尹尹君君 임금 군

심연에 임함에는 얇은
얼음을 밟듯이 하고,

나라를 사랑함에는
목숨을 다할
각오이어야 한다.

효도함에는 마땅히
힘을 다해야 하며,

공경함과 더불어
삼가야 한다.

아비를 섬기는
마음으로 나라를
섬기며,

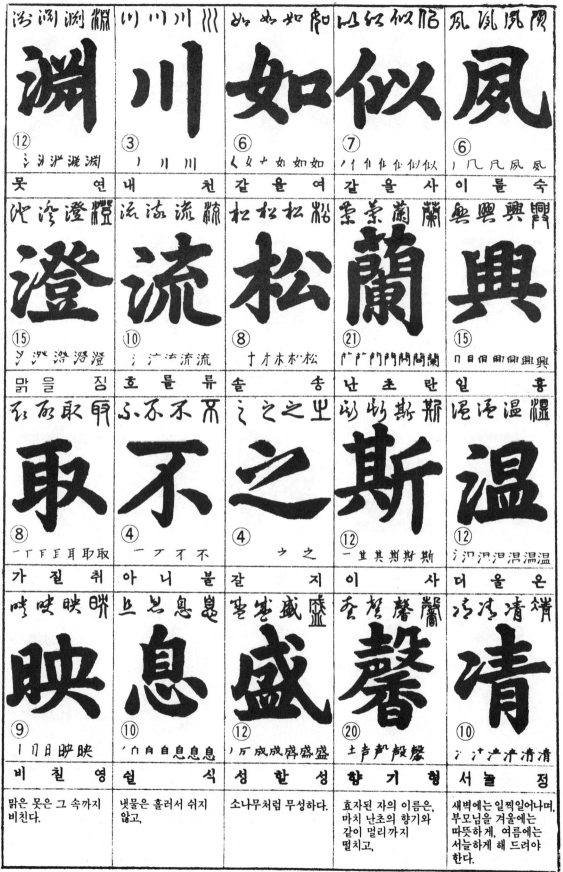

淵 ⑫ 못 연	川 ③ 내 천	如 ⑥ 같을 여	似 ⑦ 같을 사	夙 ⑥ 이를 숙
澄 ⑮ 맑을 징	流 ⑩ 흐를 류	松 ⑧ 솔 송	蘭 ㉑ 난초 란	興 ⑮ 일 흥
取 ⑧ 가질 취	不 ④ 아니 불	之 ④ 갈 지	斯 ⑫ 이 사	溫 ⑫ 더울 온
映 ⑨ 비칠 영	息 ⑩ 쉴 식	盛 ⑫ 성할 성	馨 ⑳ 향기 형	清 ⑩ 서늘 정

맑은 못은 그 속까지 비친다.

냇물은 흘러서 쉬지 않고,

소나무처럼 무성하다.

효자된 자의 이름은, 마치 난초의 향기와 같이 멀리까지 떨치고,

새벽에는 일찍일어나며, 부모님을 겨울에는 따뜻하게, 여름에는 서늘하게 해 드려야 한다.

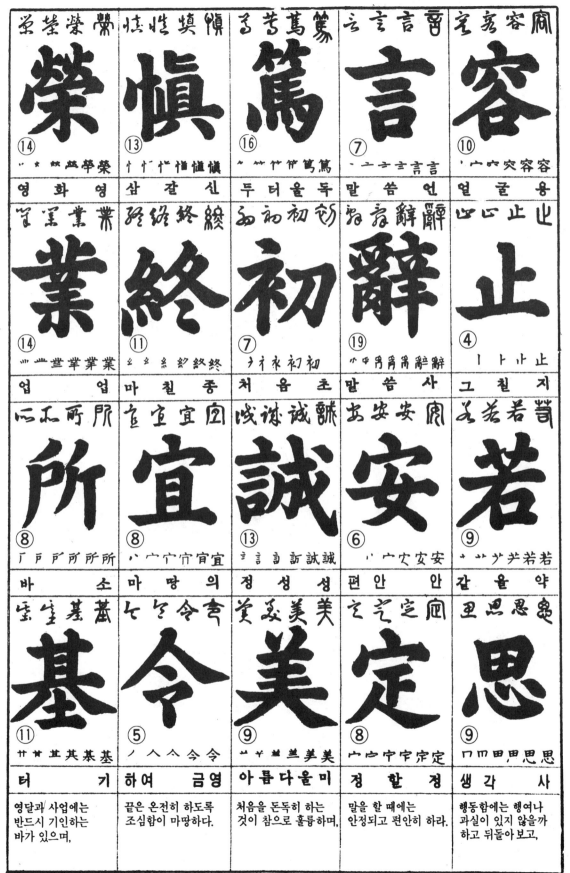

榮 ⑭ 영화 영	愼 ⑬ 삼갈 신	篤 ⑯ 두터울 독	言 ⑦ 말씀 언	容 ⑩ 얼굴 용
業 ⑭ 업 업	終 ⑪ 마칠 종	初 ⑦ 처음 초	辭 ⑲ 말씀 사	止 ④ 그칠 지
所 ⑧ 바 소	宜 ⑧ 마땅 의	誠 ⑬ 정성 성	安 ⑥ 편안 안	若 ⑨ 같을 약
基 ⑪ 터 기	令 ⑤ 하여금 영	美 ⑨ 아름다울 미	定 ⑧ 정할 정	思 ⑨ 생각 사

영달과 사업에는 반드시 기인하는 바가 있으며,

끝은 온전히 하도록 조심함이 마땅하다.

처음을 돈독히 하는 것이 참으로 훌륭하며,

말을 할 때에는 안정되고 편안히 하라.

행동함에는 행여나 과실이 있지 않을까 하고 뒤돌아 보고,

去 ⑤ 一 十 土 去 去 갈 거	存 ⑥ 一 ナ 才 疒 存 있을 존	攝 ㉑ 扌 护 捎 攝 攝 잡을 섭	學 ⑯ 臼 卧 跚 興 學 배울 학	籍 ⑳ 竺 笁 笁 笄 籍 호적 적
而 ⑥ 一 ア 丙 而 而 어조사 이	以 ⑤ 丶 レ 以 以 以 써 이	職 ⑱ 丁 耳 职 賠 職 일 직	優 ⑰ 亻 俨 俨 優 優 녀녀 우	甚 ⑨ 廿 甘 甚 甚 甚 심할 심
益 ⑩ 丷 光 益 益 더 할 익	甘 ⑤ 一 十 廿 甘 달 감	從 ⑪ 彳 彳 彷 徉 從 쫓을 종	登 ⑫ 癶 癶 水 癶 登 오를 등	無 ⑫ 一 二 無 無 無 無 없을 무
詠 ⑫ 言 訁 訂 詞 詠 읊을 영	棠 ⑫ 小 当 巿 堂 棠 아가위 당	政 ⑧ 一 丁 正 政 政 政 정사 정	仕 ⑤ 丿 亻 什 什 仕 벼슬 사	竟 ⑪ 一 立 音 音 竟 竟 마칠 경
떠난 후엔 그의 선정을 감당시로 더욱 읊었다.	살아서는 감당수를 보존하여 기념하였고,	직권을 쥐고 정사를 담당할 수 있다.	덕행을 닦고 학문을 쌓으면 벼슬이 높이 올라 국정까지 맡아서 처리할 수 있겠고,	명성이 세상에 널리 퍼져 끝이 없다.

16

外 ⑤ ノクタ外外 밖 외	夫 ④ 一二夫夫 지아비 부	上 ③ 一卜上 윗 상	禮 ⑱ 예도 례	樂 ⑮ 풍류 악
受 ⑧ 받을 수	唱 ⑪ 부를 창	下 ③ 一丁下 아래 하	別 ⑦ 다를 별	殊 ⑩ 다를 수
傅 ⑫ 스승 부	婦 ⑪ 며느리 부	和 ⑧ 화할 화	尊 ⑫ 높을 존	貴 ⑫ 귀할 귀
訓 ⑩ 가르칠 훈	隨 ⑯ 따를 수	睦 ⑬ 화목 목	卑 ⑧ 낮을 비	賤 ⑮ 천할 천

성장해서는 밖에서 스승의 교훈을 받고,	남자가 선창하면 지어미도 이에 따른다.	윗사람이 온화해야 아랫 사람도 화목하고	예의도 역시 높고 낮음을 구별하도록 했다.	풍류도 귀천에 따라 정도를 달리했고,

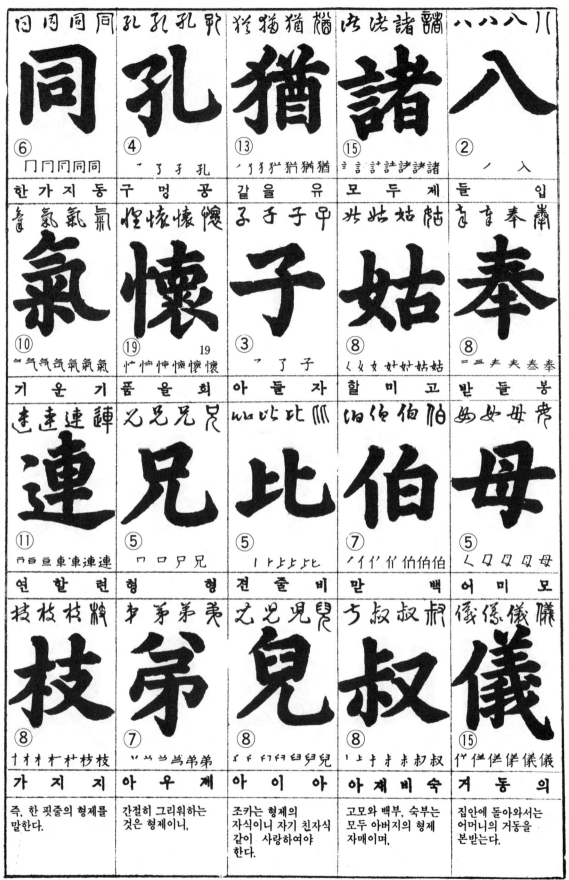

同 ⑥ 한 가 지 동
孔 ④ 구 멍 공
猶 ⑬ 같 을 유
諸 ⑮ 모 두 제
八 ② 들 입

氣 ⑩ 기 운 기
懷 ⑲ 품 을 회
子 ③ 아 들 자
姑 ⑧ 할 미 고
奉 ⑧ 받 들 봉

連 ⑪ 연 할 련
兄 ⑤ 형 형
比 ⑤ 견 줄 비
伯 ⑦ 맏 백
母 ⑤ 어 미 모

枝 ⑧ 가 지 지
弟 ⑦ 아 우 제
兒 ⑧ 아 이 아
叔 ⑧ 아 재 비 숙
儀 ⑮ 거 동 의

즉, 한 핏줄의 형제를 말한다.

간절히 그리워하는 것은 형제이니,

조카는 형제의 자식이니 자기 친자식 같이 사랑하여야 한다.

고모와 백부, 숙부는 모두 아버지의 형제 자매이며,

집안에 돌아와서는 어머니의 거동을 본받는다.

節 (15)	造 (11)	仁 (4)	切 (5)	交 (6)
ㅆ널 쯥쯥節	一丷生告告造	丿亻仁仁	一七切切	丶亠六交交
마디 절	지을 조	어질 인	짜를 절	사귈 교

義 (13)	次 (6)	慈 (14)	磨 (16)	友 (4)
一丷쓰羊羊義義	丶丶冫次次	丷丷茲茲慈	广广广麻磨磨	一ナ方友
옳을 의	버금 차	인자할 자	갈 마	벗 우

廉 (13)	弗 (6)	隱 (17)	箴 (15)	投 (7)
一广广庐庐廉	一コ弓弗弗	阝阝阝陉隐隱隱	竹竹筥筥箴箴	十扌扩投投
청렴 렴	말 불	숨을 은	경계 잠	던질 투

退 (10)	離 (19)	惻 (12)	規 (11)	分 (4)
一乛艮艮退退	十由离离離離	忄忄惻惻惻	二丰夫規規	丿八分分
물러갈 퇴	헤여질 리	슬플 측	법 규	나눌 분

절조를 지키고 의리를
가지면서 물리침은,

일단 악덕에 감염되면
존귀한 본성을
상실하게 되는
것이다.

자애스러우며 측은한
마음을 품고 있음에도
불구하고,

서로 경계하여
바로잡아 주는데
있는 것이다.

교우의 진수는 따뜻한
애정을 갖는 동시에

逐 ⑪	守 ⑥	心 ④	性 ⑧	顚 ⑲
ㄱㅋ豕逐	ㅡ宀宁守守	ㅣ心心心	ㅏㅏ忄忄忄性性	直直眞眞顚顚顚
쫓을 축	지킬 수	마음 심	성품 성	기울어질 전
物 ⑧	眞 ⑩	動 ⑪	靜 ⑯	沛 ⑧
ㅗㅓ牛牛物物	ㅡㄴ肖肖眞眞	ㅡㅓ百重重動動	ㅗ青青青靜靜靜	氵氵沪沛沛沛
만물 물	참 진	움직일 동	고요 정	자빠질 패
意 ⑬	志 ⑦	神 ⑨	情 ⑪	匪 ⑩
ㅗ音音音意	ㅓ士吉志志志	ㅓ礻礻祁神神	ㅏㅏ忄忄情情情	ㅡㄴ匚匚匪匪
뜻 의	뜻 지	귀신 신	뜻 정	아닐 비
移 ⑪	滿 ⑭	疲 ⑩	逸 ⑫	毁 ⑰
千禾秓移移	氵沪沪满满滿	广广疒疒疲疲	ㅓㅋ鱼兔兔免逸	声声声毁毁毁
옮길 이	가득할 만	가쁠 피	편안 일	이지러질 훼

물욕을 따르면 마음은 각처로 옮겨 정착할 줄 모른다.

참된 길을 지키면 뜻이 가득해지고,

마음이 동요하면 신경이 지쳐 버린다.

사람은 본성이 고요하면 마음이 편안하고

쉽게 이지러지지 않는다.

背 ⑨	東 ⑧	都 ⑫	好 ⑥	堅 ⑪
등 배	동녘 동	도읍 도	좋을 호	굳을 견
邙 ⑥	西 ⑥	邑 ⑦	爵 ⑱	持 ⑨
터 망	서녘 서	고을 읍	벼슬 작	가질 지
面 ⑨	二 ②	華 ⑫	自 ⑥	雅 ⑫
낯 면	두 이	빛날 화	스스로 자	맑을 아
洛 ⑨	京 ⑧	夏 ⑩	縻 ⑰	操 ⑯
낙수 락	서울 경	여름 하	얽을 미	잡을 조

북망산을 등지고 낙수를 향하였고,

동경, 서경의 두 도읍이 있다.

중국은 자기 나라의 국명을 화하라 불러, 세계의 대국임을 자랑했고,

높은 지위는 스스로 그에게 얽히어 이른다.

사람이 견고한 지조를 굳게 가지면,

21

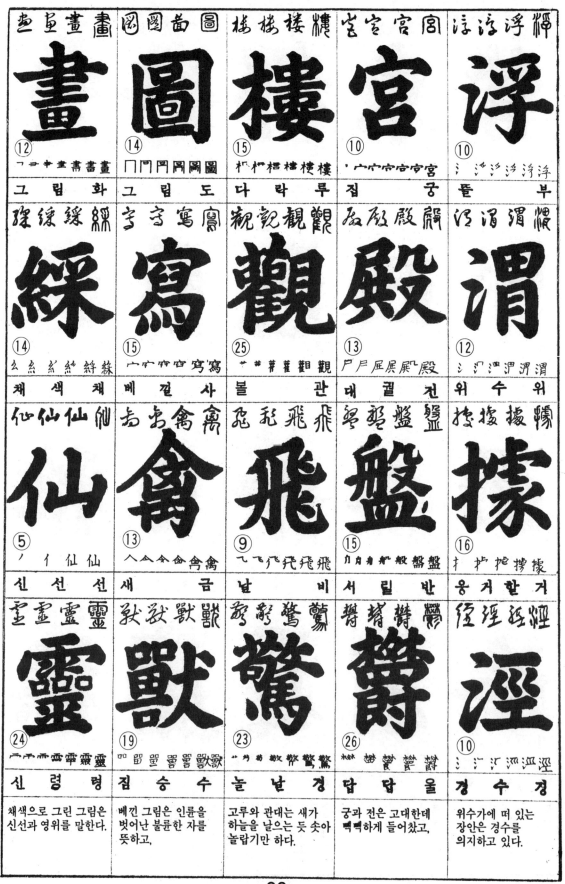

畫 ⑫ 그림 화	圖 ⑭ 그림 도	樓 ⑮ 다락 루	宮 ⑩ 집 궁	浮 ⑩ 뜰 부
綠 ⑭ 채색 채	寫 ⑮ 베낄 사	觀 ㉕ 볼 관	殿 ⑬ 대궐 전	渭 ⑫ 위수 위
仙 ⑤ 신선 선	禽 ⑬ 새 금	飛 ⑨ 날 비	盤 ⑮ 서릴 반	據 ⑯ 웅거할 거
靈 ㉔ 신령 령	獸 ⑲ 짐승 수	驚 ㉓ 놀날 경	欝 ㉖ 답답 울	涇 ⑩ 경수 경

채색으로 그린 그림은 신선과 영위를 말한다.

베낀 그림은 인륜을 벗어난 불륜한 자를 뜻하고,

고루와 관대는 새가 하늘을 날으는 듯 솟아 놀랍기만 하다.

궁과 전은 고대한데 빽빽하게 들어찼고,

위수가에 떠 있는 장안은 경수를 의지하고 있다.

陞 ⑪ 오를 승	鼓 ⑬ 북 고	肆 ⑬ 베풀 사	甲 ⑤ 갑옷 갑	丙 ⑤ 남녘 병
階 ⑫ 뜰 계	瑟 ⑬ 비파 슬	筵 ⑬ 자리 연	帳 ⑪ 장막 장	舍 ⑧ 집 사
納 ⑩ 바칠 납	吹 ⑦ 불 취	設 ⑪ 베풀 설	對 ⑭ 대답 대	傍 ⑫ 곁 방
陛 ⑩ 섬돌 폐	笙 ⑪ 저 생	席 ⑩ 자리 석	楹 ⑬ 기둥 영	啓 ⑪ 열 계

폐계를 올라 전중에 들어가니,

비파를 뜯고 생황저를 불어서 흥을 돋군다.

돗자리를 펴서 좌우를 정한 후,

마주 선 두 기둥에 갑장을 쳤다.

궁중 신하들이 쉬는 곳은 옆이 열려 있으며,

亦亦亦十	兄　既既	圭圭左广	右右右刁	矢并弁旡
亦	**既**	**左**	**右**	**弁**
⑥	⑨	⑤	⑤	⑤
丶亠ナ方亦亦	ㄱㅋ艮皀旣既	一ナ左左左	ノナ右右右	ㄴ厶厸并弁
또 역	이미기	왼 좌	오를 우	곳갈 변
聚聚聚	集集集集	達達達辇	通通通詢	轉䡇轉轉
聚	**集**	**達**	**通**	**轉**
⑭	⑫	⑬	⑪	⑱
耳取取聚聚	亻亻伫隹隹集集	士幸幸達達	マ丬丬月甬通通	亘車軔轉轉轉
몰을 취	모을 집	통달할 달	통할 통	구를 전
羣羣群羣	墳墳墳墳	承承承爾	度廣廣廣	擬疑疑䖺
群	**墳**	**承**	**廣**	**疑**
⑬	⑮	⑧	⑭	⑮
ㅋ君君群	土圹地坟墳墳	マ了了矛承承承	广产产庐廣廣	上乍疋矣疑疑
무리 군	무덤 분	이을 승	넓을 광	의심 의
茟英英茉	豊典典冊	明明明晄	内内内内	星星星星
英	**典**	**明**	**内**	**星**
⑨	⑧	⑧	④	⑲
丶艹荮茈英	冂内冊曲典典	丨冂日旪明明	丨冂内内	口日旦星星
꽃부리 영	법 전	밝을 명	안 내	별 성
또한 수 많은 영재가 모였다.	3황 5제의 전적을 이미 모으고,	왼편으로는 승명려에 이른다.	바른편으로는 광내전까지 통하고,	고관들의 관에 장식한 주옥들은 별이 아닌가 의심스러웠다.

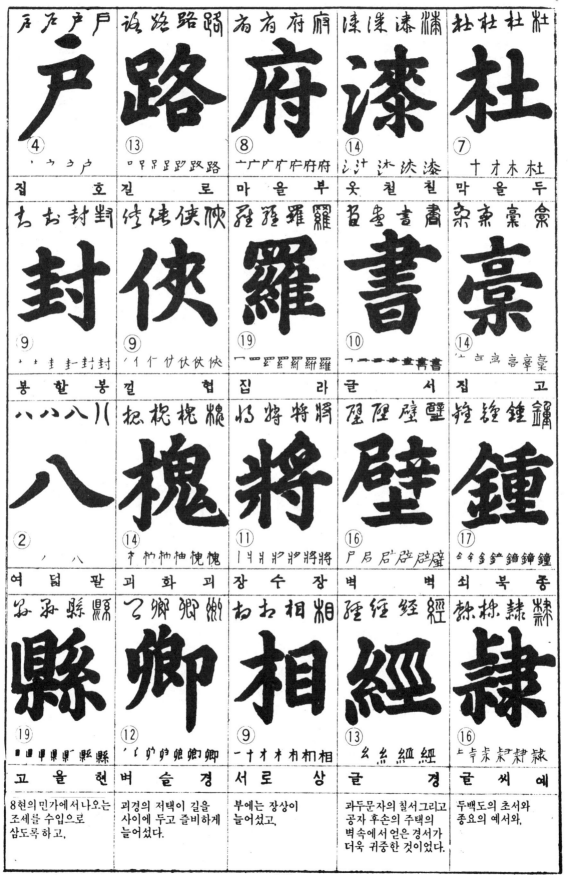

戶	路	府	漆	杜
④	⑬	⑧	⑭	⑦
집 호	길 로	마을 부	옻칠 칠	막을 두
封	俠	羅	書	臯
⑨	⑨	⑲	⑩	⑭
봉할 봉	낄 협	집 라	글 서	집 고
八	槐	將	壁	鍾
②	⑭	⑪	⑯	⑰
여덟 팔	괴화 괴	장수 장	벽 벽	쇠북 종
縣	卿	相	經	隸
⑲	⑫	⑨	⑬	⑯
고을 현	벼슬 경	서로 상	글 경	글씨 예

8현의 민가에서 나오는 조세를 수입으로 삼도록 하고,

괴경의 저택이 길을 사이에 두고 즐비하게 늘어섰다.

부에는 장상이 늘어섰고

과두문자의 칠서그리고 공자 후손의 주택의 벽속에서 얻은 경서가 더욱 귀중한 것이었다.

두백도의 초서와 종요의 예서와,

車 ⑦	世 ⑤	驅 ㉑	高 ⑪	家 ⑩
一厂厅厅百亘車	一十卅世世	馬馬駆驅	一亠宀古古高高	宀宁宁宇家家
수레 차	인간 세	몰 구	높을 고	집 가
駕 ⑮	祿 ⑬	轂 ⑯	冠 ⑨	給 ⑫
力加賀駕駕	ラ才礻礻祿	士高高車轂轂	一冖宇元冠冠	幺幺糸糸給給
멍에 가	녹 록	바퀴 곡	갓 관	줄 급
肥 ⑧	侈 ⑧	振 ⑩	陪 ⑪	千 ③
丨月月月肥肥肥	亻亻侈侈侈	十才扩护振	亻广伫倍倍倍	一二千
살찔 비	사치 치	떨칠 진	모실 배	일천 천
輕 ⑭	富 ⑫	纓 ㉔	輦 ⑮	兵 ⑦
日亘車車輕輕輕	宀宀宁宫宫富富	幺糸組纓纓	一夫扶萊輦	厂斤斤丘乒兵
가벼울 경	부자 부	끈 영	연 련	군사 병

말은 살찌고 수레는 가볍다.	자자손손 이어서 받는 세습의 국록은 호사스러울 만큼 풍부하고,	수레가 달릴 때마다 관 끈이 흔들린다.	관을 높이 써 위의를 갖추며 천자의 수레에 배승하고,	공신의 집에는 천병을 주어서 그들의 명령을 받도록 했다.

奄 ⑧	佐 ⑦	礎 ⑰	勒 ⑪	策 ⑬
一ナ大杏奄	ノイイ仁仕佐佐	石石砂砷礎	十廿共芇苩草勒	竹竺笎笧第策
문득 엄	도울 좌	돌 반	자갈 륵	꾀 책
宅 ⑥	時 ⑩	溪 ⑬	碑 ⑭	功 ⑤
゙宀宀宅	日旷胩時時	氵沪沪溪溪溪	石石碑碑碑	一丁工功
집 택	때 시	시내 계	비석 비	공 공
曲 ⑥	阿 ⑧	伊 ⑥	刻 ⑧	茂 ⑨
丨冂曲曲曲	阝阝阿阿阿	イ伊伊伊	亠亥亥刻	艹产茂茂
굽을 곡	언덕 아	저 이	새길 각	무성할 무
阜 ⑧	衡 ⑮	尹 ④	銘 ⑭	實 ⑭
阜阜阜	イ衡衡衡	コヨヲ尹	金釘銘	宀宀實實
언덕 부	저울대 형	맏 윤	새길 명	열매 실

오랫동안 곡부에 살며,

시제의 급한 것을 구제했으며, 아형을 관명으로 썼다.

주나라의 태공망 여상과, 은나라의 이윤은,

비를 세워 그 사적을 새기고 글을 지어 찬미한다.

영재들이 나라에 공을 세웠을 때에는 가상히 여겨,

说 记 說 譺 說	綺 綺 綺 綺 綺	済 沦 濟 濟 濟	桓 桓 桓 桓 桓	微 微 微 微 微
⑭ 言言訓計評評說	⑭ 幺糸糸糸綺	⑰ 氵氵沪沪濟濟濟	⑩ 十才木桓桓	⑬ 彳彳徂徖徧微
말씀 설	비 단 기	건늘 제	굳 셀 환	작을 미
感 感 感 感 感	回 回 囘 囘 回	弱 弱 弱 弱 弱	公 公 公 公	旦 旦 旦 旦
⑬ 丿厂后咸咸感感	⑥ 冂冂冋囘回	⑩ 弓弓弓弱弱	④ 丿八公公	⑤ 丨冂日日旦
느낄 감	돌아올 회	약할 약	공평할 공	이를 조
武 武 武 武 武	漢 漢 漢 漢 漢	扶 扶 扶 扶 扶	匡 匡 匡 匡 匡	執 執 執 執 執
⑧ 一二干干正武武	⑭ 氵氵汁汫澕漢	⑦ 十才扌扶	⑥ 一丁匡匡	⑪ 一古享享靪執執
호반 무	한 수 한	불들 부	바를 광	누구 숙
丁 丁 丁 丁	惠 惠 惠 惠 惠	傾 傾 傾 傾 傾	合 合 合 合	營 營 營 營
② 一丁	⑫ 一冂百审叀惠	⑬ 亻亻佡傾傾	⑥ 丿人△合合合	⑰ ᅟ炏炏炏営営營
장 정 정	온 혜 혜	기울 경	모을 합	경영 영
부열은 무정을 감화시켰다.	혜제가 태자로서 폐위의 위기에 있을 때 기리계 등의 덕으로 그 자리를 회복했고	약자를 구하고, 기울어진 것을 도왔다.	군영 중에서 관중이란 영걸을 얻어 환공이, 일광천하한 위업을 찬미했으니,	단이 아니면 누가 이를 경영했으리오.

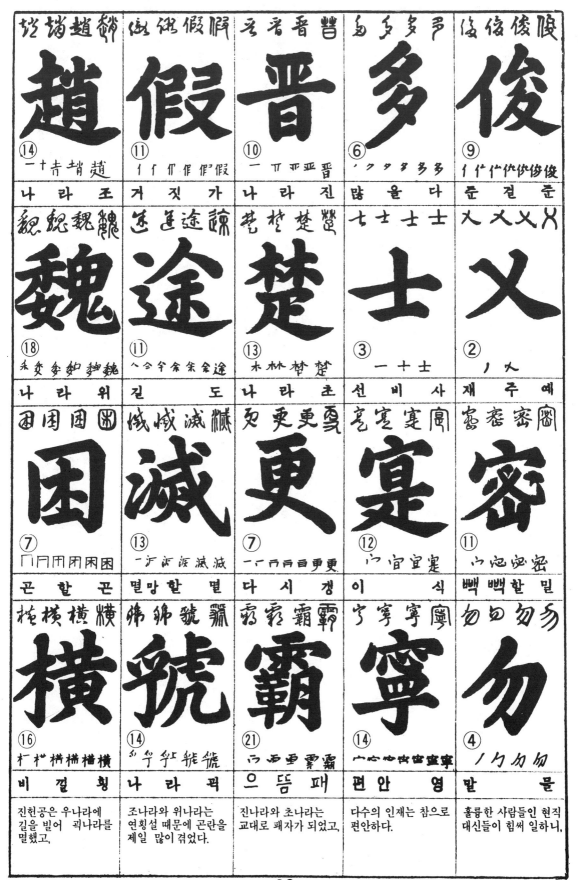

趙 ⑭ 一十走起趙 나라 조	假 ⑪ 거짓 가	晉 ⑩ 나라 진	多 ⑥ 많을 다	俊 ⑨ 준걸 준
魏 ⑱ 나라 위	途 ⑪ 길 도	楚 ⑬ 나라 초	士 ③ 一十士 선비 사	乂 ② ノ乂 재주 예
困 ⑦ 곤할 곤	滅 ⑬ 멸망할 멸	更 ⑦ 다시 갱	寔 ⑫ 이 식	密 ⑪ 빽빽할 밀
橫 ⑯ 비낄 횡	虢 ⑭ 나라 괵	霸 ㉑ 으뜸 패	寧 ⑭ 편안 영	勿 ④ 말 물

진헌공은 우나라에 길을 빌어 괵나라를 멸했고,

조나라와 위나라는 연횡설 때문에 곤란을 제일 많이 겪었다.

진나라와 초나라는 교대로 패자가 되었고,

다수의 인재는 참으로 편안하다.

훌륭한 사람들인 현직 대신들이 힘써 일하니,

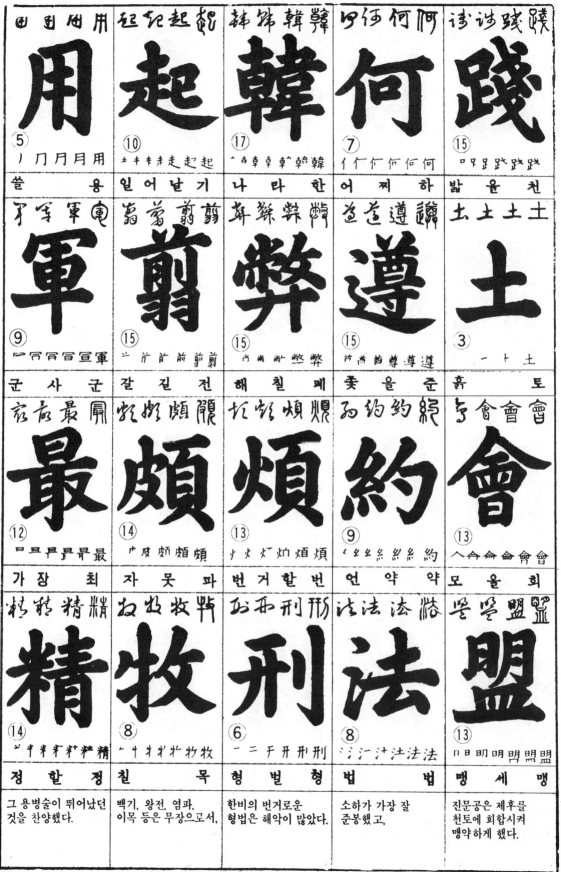

用 ⑤ 丿 刀 月 月 用 쓸 용	起 ⑩ 土 卡 丰 未 走 起 起 일어날 기	韓 ⑰ 十 卓 卓 卓 乾 韓 나 라 한	何 ⑦ 亻 亻 亻 何 何 何 어 찌 하	踐 ⑮ 口 무 무 踐 踐 踐 밟 을 천
軍 ⑨ 口 尸 尸 官 宣 軍 군 사 군	翦 ⑮ ソ 片 首 前 前 翦 갈 길 전	弊 ⑮ ソ 业 业 敝 敝 弊 해 칠 폐	遵 ⑮ 片 首 酋 尊 尊 遵 좇 을 준	土 ③ 一 十 土 흙 토
最 ⑫ 日 旦 早 昌 最 最 가 장 최	頗 ⑭ 广 皮 皮 頗 頗 頗 자 못 파	煩 ⑬ 丷 火 灯 灯 煩 煩 번거할 번	約 ⑨ 亅 幺 幺 糸 糸 約 언 약 약	會 ⑬ 人 合 合 會 會 會 모 을 회
精 ⑭ 丷 半 半 米 籵 精 정할 정	牧 ⑧ 丿 牛 牛 牝 牧 牧 칠 목	刑 ⑥ 一 二 干 开 刑 刑 형 벌 형	法 ⑧ 氵 氵 汁 法 法 法 법 법	盟 ⑬ 日 明 明 盟 盟 盟 맹 세 맹

그 용병술이 뛰어났던 것을 찬양했다.

백기, 왕전, 염파, 이목 등은 무장으로서,

한비의 번거로운 형법은 해악이 많았다.

소하가 가장 잘 준봉했고,

진문공은 제후를 천토에 회합시켜 맹약하게 했다.

嶽嶽嶽嶽 **嶽** ⑰ 山 屵 嶒 嶽 嶽 산 마루 악	百百百百 **百** ⑥ 一 丆 丆 百 百 百 일백 백	九九九九 **九** ② 丿 九 아 홉 구	馳馳馳馳 **馳** ⑬ 13 馬 馬 馬 馳 馳 달릴 치	宣宣宣宣 **宣** ⑨ 宀 宀 宁 宁 宣 宣 베 풀 선
宗宗宗宗 **宗** ⑧ 宀 宀 宀 宗 宗 宗 근본 종	郡郡郡郡 **郡** ⑩ フ 彐 尹 君 君 郡 郡 골 군	州州州州 **州** ⑥ 丶 丿 少 州 州 州 골 주	譽譽譽譽 **譽** ㉑ 广 內 咴 嶼 與 譽 칭찬할 예	威威威威 **威** ⑨ 厂 厂 反 反 威 威 위 엄 위
恒恒恒恒 **恒** ⑨ 丶 忄 忄 恒 恒 恒 항 상 항	秦秦秦秦 **秦** ⑩ 一 二 三 夫 秦 나 라 진	禹禹禹禹 **禹** ⑨ 丿 白 申 禹 禹 임 금 우	丹丹丹丹 **丹** ④ 丿 几 几 丹 붉 을 단	沙沙沙沙 **沙** ⑦ 丶 氵 氵 沙 沙 沙 모 래 사
低低低低 **低** ⑧ 亻 亻 仃 仃 低 메 대	并并并并 **并** ⑥ 丶 丷 广 并 并 아우를병	跡跡跡跡 **跡** ⑬ 口 足 足 趵 跡 跡 자 취 적	青青青青 **青** ⑧ 一 十 十 主 主 青 青 푸 를 청	漢漢漢漢 **漢** ⑭ 氵 汁 沖 洪 漢 漢 아득할 막

산악으로는 항산과 대산을 조종으로 삼고

백군을 진나라가 병합했다.

하나라 우임금의 공적의 자취는 9주 였으며,

명성을 마치 말이 달리듯이 빨리 전하며 후세에 남기기 위해 인물과 그 공적을 그리다.

중국 북서부의 몽고와 신강성 쪽이 위세를 떨치고,

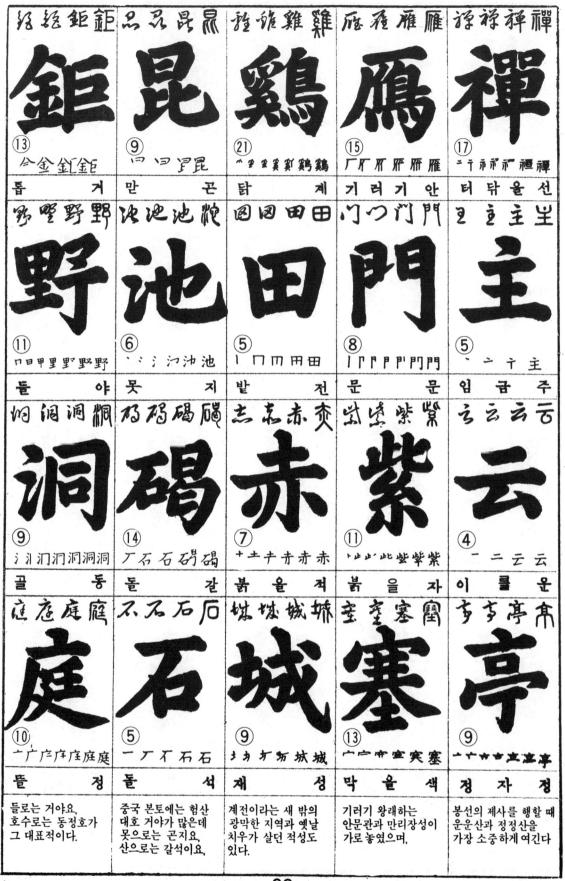

鉅 (13) 今金釘鉅 — 톱 거	昆 (9) 日日尸昆 — 맏 곤	鷄 (21) — 닭 계	雁 (15) 厂厂户肝肝雁 — 기러기 안	禪 (17) 二亍示示禪 — 터닦을 선
野 (11) 口日甲里野野野 — 들 야	池 (6) 丶丶氵沪池 — 못 지	田 (5) 丨冂冂田田 — 밭 전	門 (8) 丨冂冂門門門 — 문 문	主 (5) 丶二十主 — 임금 주
洞 (9) 氵汩洞洞洞洞 — 골 동	碣 (14) 厂石石碣碣 — 돌 갈	赤 (7) 十土赤赤 — 붉을 적	紫 (11) — 붉을 자	云 (4) 一二云云 — 이를 운
庭 (10) 一广广庄庄庭庭 — 뜰 정	石 (5) 一丆石石 — 돌 석	城 (9) — 재 성	塞 (13) — 막을 색	亭 (9) — 정자 정

들로는 거야요,
호수로는 동정호가
그 대표적이다.

중국 본토에는 험산
대호 거야가 많은데
못으로는 곤지요,
산으로는 갈석이요,

계전이라는 새 밤의
광막한 지역과 옛날
치우가 살던 적성도
있다.

기러기 왕래하는
안문관과 만리장성이
가로 놓였으며,

봉선의 제사를 행할 때
운운산과 정정산을
가장 소중하게 여긴다.

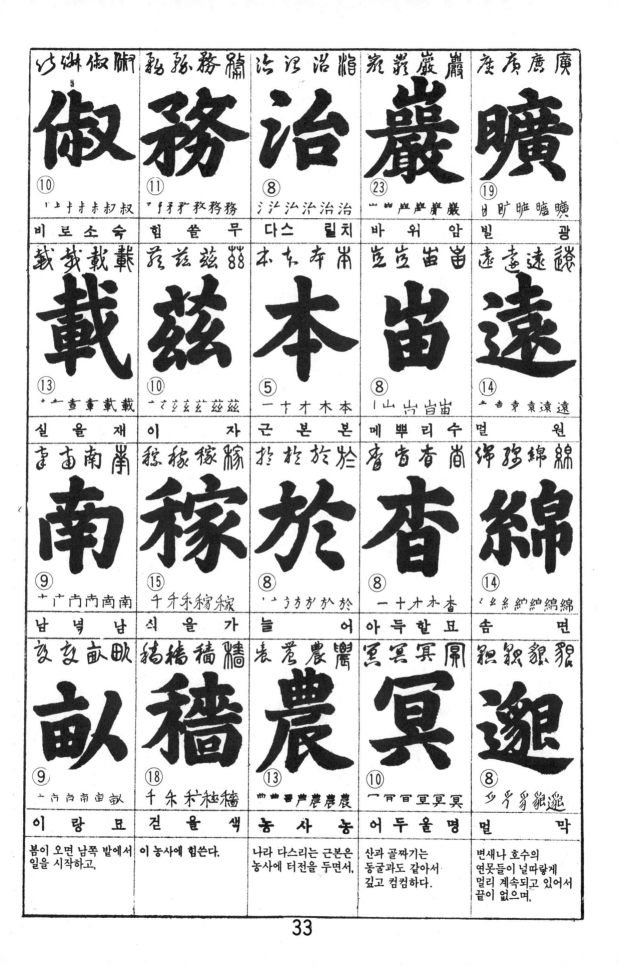

俶	務	治	巖	曠
⑩	⑪	⑧	㉓	⑲
비로소 숙	힘쓸 무	다스릴 치	바위 암	빌 광
載	茲	本	峀	遠
⑬	⑩	⑤	⑧	⑭
실을 재	이 자	근본 본	메뿌리 수	멀 원
南	稼	於	杳	綿
⑨	⑮	⑧	⑧	⑭
남녘 남	심을 가	늘 어	아득할 묘	솜 면
畝	穡	農	冥	邈
⑨	⑱	⑬	⑩	⑧
이랑 묘	걷을 색	농사 농	어두울 명	멀 막

봄이 오면 남쪽 밭에서 일을 시작하고,	이 농사에 힘쓴다.	나라 다스리는 근본은 농사에 터전을 두면서,	산과 골짜기는 동굴과도 같아서 깊고 컴컴하다.	변새나 호수의 연못들이 널따랗게 멀리 계속되고 있어서 끝이 없으며,

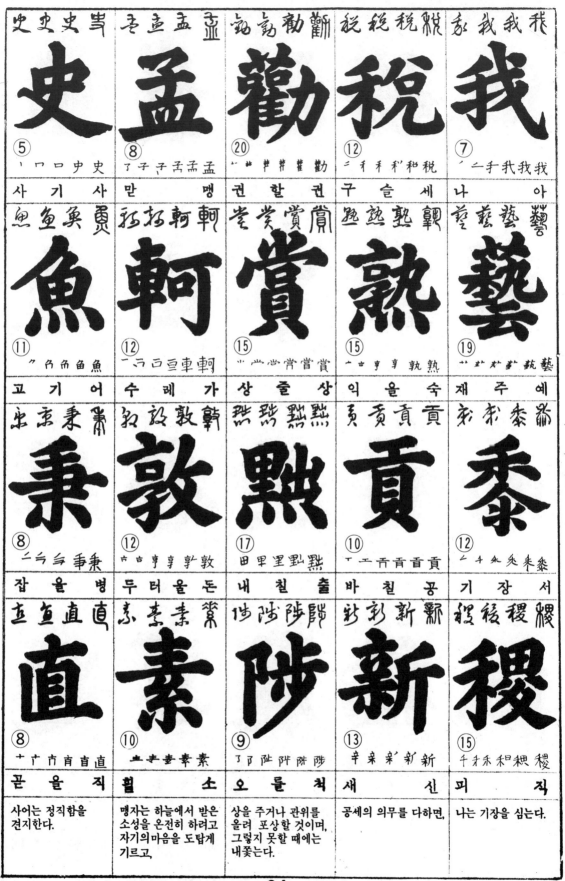

史 史 史 崶	굳 直 孟 孟	鄃 鄃 勸 勸	稅 稅 稅 稅	永 我 我 我
史	**孟**	**勸**	**稅**	**我**
⑤	⑧	⑳	⑫	⑦
ノ 口 口 史 史	了 子 子 곰 孟 孟	艹 艹 荢 萐 雚 勸	二 チ 禾 利 秌 稅	ノ 二 手 ㄓ 我 我
사 기 사	맏 맹	권 할 권	구 슬 세	나 아
魚 鱼 魚 賚	軹 軹 軻 軻	尝 尝 賞 賞	孰 熟 藝 戟	葝 藝 藝 藝
魚	**軻**	**賞**	**熟**	**藝**
⑪	⑫	⑮	⑮	⑲
" 勹 尚 負 魚 魚	一 ㄱ 旨 亘 車 軻	艹 労 当 常 賞 賞	一 古 亨 享 執 熟	一 圥 圥 坴 埶 藝
고 기 어	수 레 가	상 줄 상	익 을 숙	재 주 예
宋 宋 秉 秉	敦 敦 敦 敦	黙 黙 黙 黙	黃 貢 貢 貢	秣 来 黍 黍
秉	**敦**	**黙**	**貢**	**黍**
⑧	⑫	⑰	⑩	⑫
一 ㄈ 马 車 秉	亡 古 亨 享 訃 敦	田 甲 里 罣 黙	一 工 禾 青 音 貢	二 十 禾 耒 来 黍
잡 을 병	두 터 울 돈	내 칠 출	바 칠 공	기 장 서
直 盲 直 直	素 素 素 羡	陟 陟 陟 陟	新 新 新 新	稷 稷 稷 稷
直	**素**	**陟**	**新**	**稷**
⑧	⑩	⑨	⑬	⑮
十 广 市 首 直	一 主 壴 妻 素	ㄱ ㄹ 阤 阹 陟 陟	辛 亲 亲 新 新	千 禾 禾 稇 稷 稷
곧 을 직	흴 소	오 를 척	새 신	피 직

사어는 정직함을 견지한다.	맹자는 하늘에서 받은 소성을 온전히 하려고 자기의 마음을 도탑게 기르고	상을 주거나 관위를 올려 포상할 것이며, 그렇지 못할 때에는 내쫓는다.	공세의 의무를 다하면,	나는 기장을 심는다.

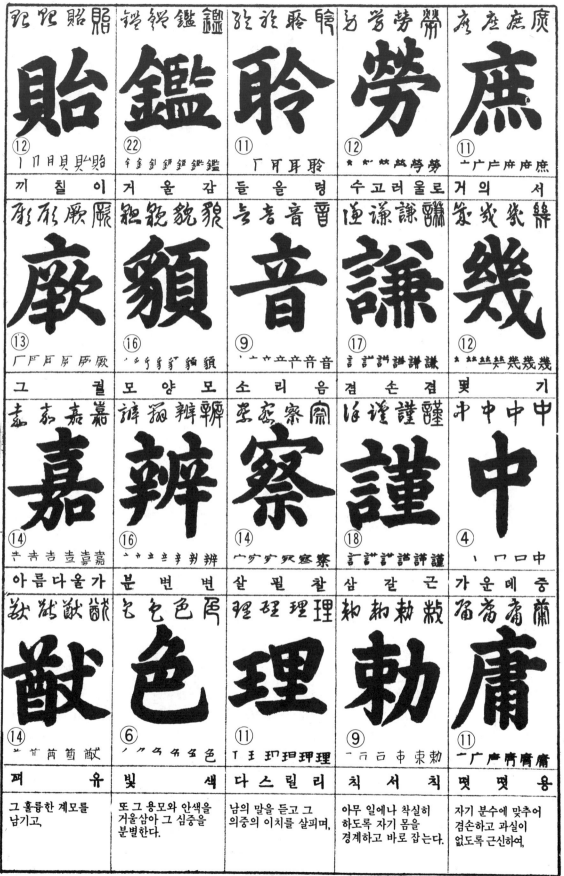

貽 ⑫ 끼칠 이	鑑 ㉒ 거울 감	聆 ⑪ 들을 령	勞 ⑫ 수고러울 로	庶 ⑪ 거의 서
廐 ⑬ 그 궐	貌 ⑯ 모양 모	音 ⑨ 소리 음	謙 ⑰ 겸손 겸	幾 ⑫ 몇 기
嘉 ⑭ 아름다울 가	辨 ⑯ 분변 변	察 ⑭ 살필 찰	謹 ⑱ 삼갈 근	中 ④ 가운데 중
猷 ⑭ 꾀 유	色 ⑥ 빛 색	理 ⑪ 다스릴 리	勅 ⑨ 칙서 칙	庸 ⑪ 떳떳 용

그 훌륭한 계모를 남기고,

또 그 용모와 안색을 거울삼아 그 심중을 분별한다.

남의 말을 듣고 그 의중의 이치를 살피며,

아무 일에나 착실히 하도록 자기 몸을 경계하고 바로 잡는다.

자기 분수에 맞추어 겸손하고 과실이 없도록 근신하여,

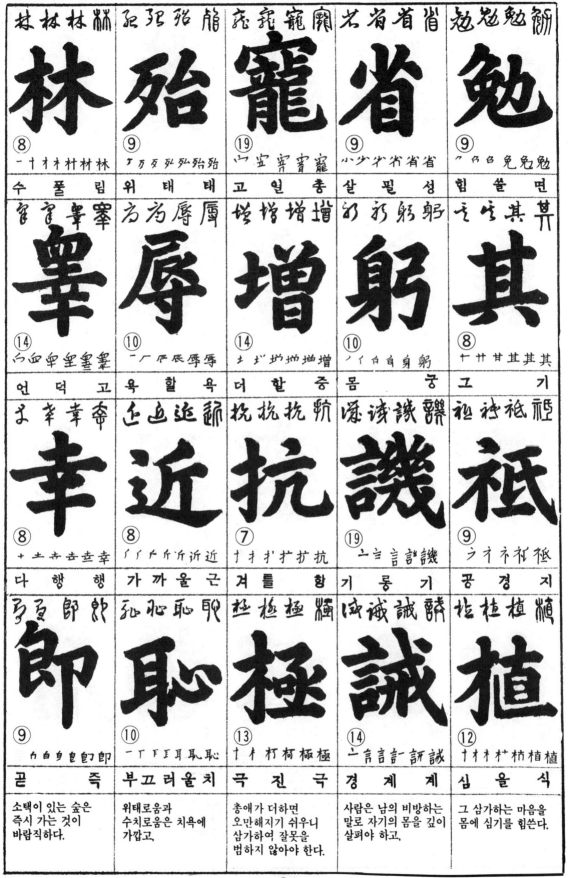

林 ⑧	殆 ⑨	寵 ⑲	省 ⑨	勉 ⑨
一十才木村材林	丁歹歹夕殆殆	宀宀宇宵寵寵	小少少省省省	丿户白免免勉
수풀 림	위태 태	고일 총	살필 성	힘쓸 면
辜 ⑭	辱 ⑩	增 ⑭	躬 ⑩	其 ⑧
宀血阜辠辠辠	一厂戶辰辱辱	土圹圹圻增增	丿亻白自身躬	十廿甘其其其
언덕 고	욕할 욕	더할 증	몸 궁	그 기
幸 ⑧	近 ⑧	抗 ⑦	譏 ⑲	祇 ⑨
十土击击击幸	丿丿斤斤近近	十才扩扩抗	二言言詳譏	㇇礻礻祈祇
다행 행	가까울 근	겨룰 항	기롱기 기	공경 지
卽 ⑨	恥 ⑩	極 ⑬	誡 ⑭	植 ⑫
丿白皀皀卽卽	一丁耳耵耻恥	十才柯柯極極	二言言誡誡	十才木枯植植
곧 즉	부끄러울 치	극진 극	경계 계	심을 식

| 소택이 있는 숲은 즉시 가는 것이 바람직하다. | 위태로움과 수치로움은 치욕에 가깝고, | 총애가 더하면 오만해지기 쉬우니 삼가하여 잘못을 범하지 않아야 한다. | 사람은 남의 비방하는 말로 자기의 몸을 깊이 살펴야 하고, | 그 삼가하는 마음을 몸에 심기를 힘쓴다. |

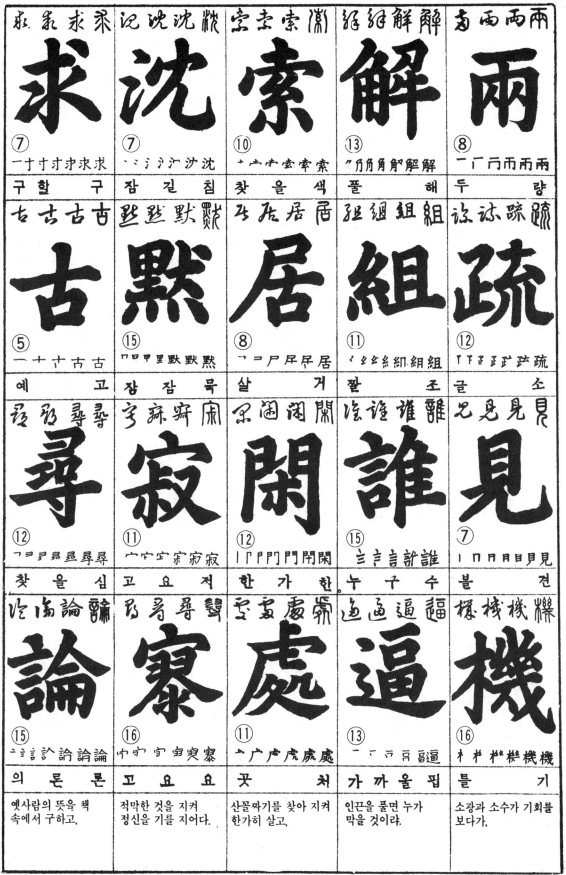

求 ⑦	沈 ⑦	索 ⑩	解 ⑬	兩 ⑧
구할 구	잠길 침	찾을 색	풀 해	두 량
古 ⑤	黙 ⑮	居 ⑧	組 ⑪	疏 ⑫
예 고	잠잠 묵	살 거	짤 조	글 소
尋 ⑫	寂 ⑪	閑 ⑫	誰 ⑮	見 ⑦
찾을 심	고요 적	한가 한	누구 수	볼 견
論 ⑮	寥 ⑯	處 ⑪	逼 ⑬	機 ⑯
의론 론	고요 요	곳 처	가까울 핍	틀 기

옛사람의 뜻을 책 속에서 구하고,

적막한 것을 지켜 정신을 기를 지이다.

산꼴짜기를 찾아 지켜 한가히 살고,

인끈을 풀면 누가 막을 것이랴.

소광과 소수가 기회를 보다가,

國圓圓圓 圓 ⑬ 门门周圉園園 둥글 원	架桨渠楳 渠 ⑫ 氵氿渠渠渠 개천 거	感感感感 感 ⑮ 厂厂厈咸感 늘 플 철	的的欣欣 欣 ⑧ 彳亻亻㐅欣 기쁠 흔	岢敖散散 散 ⑫ 一世幷背散散 흩을 산
莽莽莽莽 莽 ⑩ 艹 艹 莽莽莽 풀 망	荀荷荷荷 荷 ⑪ 一艹艹荷荷荷 짐 하	論诤謝謝 謝 ⑰ 詃詃詝詷謝謝 사 례 사	美夫奏奏 奏 ⑨ 三丰夫奏奏 아뢸 주	盧盧盧盧 慮 ⑮ 一广广虍虘慮 생 각 려
抽揙抽抽 抽 ⑧ 扌扌扣抽抽抽 뺄 추	的的的的 的 ⑧ 亻白白的的 맞을 적	歡歡歡歡 歡 ㉒ 一艹莅萑雚歡歡 기쁠 환	累累累累 累 ⑪ 门田田罒累累 여 러 루	逍道道逍 道 ⑪ 亠丷丫首道 노 닐 소
條條條條 條 ⑪ 亻亻亻广俊條條 조 목 조	歴歴歴歷 歴 ⑮ 厂厈厤厤歴歷 지 날 력	招招招招 招 ⑧ 扌扌扫招招 부 를 초	遣遣遣遣 遣 ⑭ 一丷中串害遣 보 낼 견	逤遥遥遥 遙 ⑭ 夕夕弁呑备遙 멀 요
무성한 초목의 가지를 스치는 미풍소리가 귀에 들리는듯 하다.	연잎의 선명함과,	슬픈 마음은 없어져 초탈한 경지에 도달한다.	유유자적하니 즐거운 정은 모여들고,	답답한 마음을 흩어 버리기 위해 노닌다.

遊遊遊遊	落落落落	陣陣陣陣	梧梧梧梧	枇枇枇枇
遊	落	陳	梧	枇
⑬	⑬	⑪	⑪	⑨
亣方扩扩扩游遊遊	艹艹汢沙波落落	阝阝阶陌陣陳	一才木杧杧梧梧	十才木朾枇
놀 유	떨어질락	묵을 진	오동 오	나무비
鯤鯤鯤鯤	葉葉葉葉	根根根根	桐桐桐桐	杷杷杷杷
鯤	葉	根	桐	杷
⑳	⑬	⑩	⑩	⑧
ﾉ刍鱼魚魚鯤鯤	艹艹苹苹苹草葉葉	一才杧杧根根根	十才木朾枏枏桐桐	一十才木杷
고 기 곤	잎사귀엽	뿌 리 근	오 동 동	나 무 파
獨獨獨獨	飄飄飄飄	委委委委	旱旱旱旱	晚晚晚晚
獨	飄	委	旱	晚
⑯	⑳	⑧	⑥	⑪
ﾉｲｲ犭狎狎獨獨	一西覀覀栗票飄	二千禾禾禾委委	一冂日日旦旱	冂日日旷旷晓晚
홀 로 독	날 릴 표	맡 길 위	이 를 조	늦 을 만
運運運運	飆飆飆飆	翳翳翳翳	凋凋凋凋	翠翠翠翠
運	飆	翳	凋	翠
⑬	⑲	⑰	⑩	⑭
一冃亘車運運	亠半半牟牟羴飆	医医殴殴翳	ﾆ冫冫沪沪凋凋	ヨ习羽翌翠翠翠
운 전 운	날 릴 요	가 릴 예	마 를 조	푸 를 취
곤새가 마음대로 날개를 펴고 하늘을 운회할 때는,	나무잎이 말라서 떨어져 휘날린다.	오래된 나무뿌리는 저절로 마르도록 내버려져서,	오동나무는 일찍 시들어 떨어진다.	비파나무는 겨울이 되어도 잎새가 마르지 않고

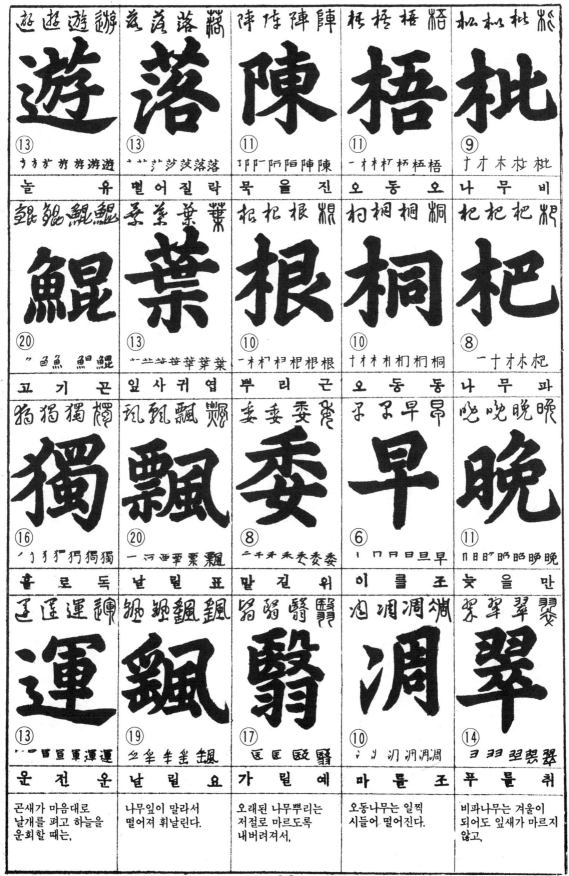

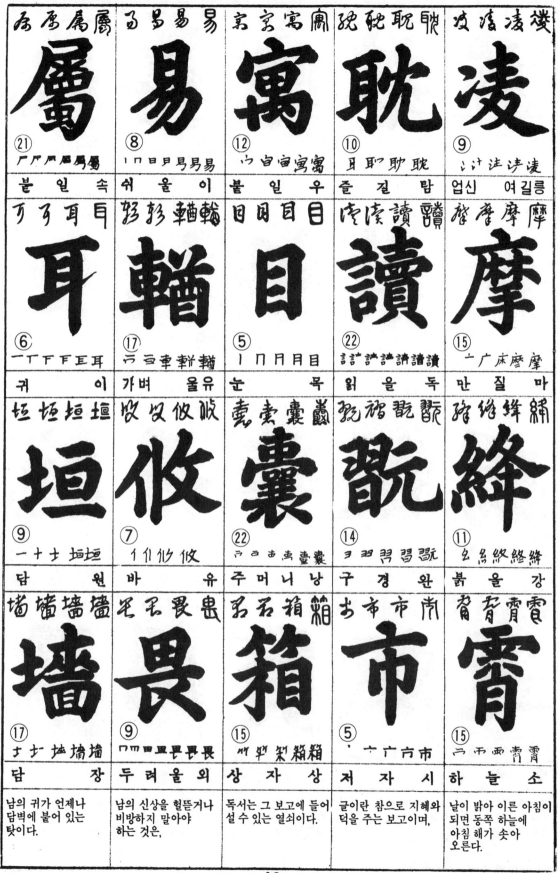

屬 ㉑ 붙일 속	易 ⑧ 쉬울 이	寓 ⑫ 붙일 우	耽 ⑩ 즐길 탐	凌 ⑨ 업신여길 릉
耳 ⑥ 귀 이	輶 ⑰ 가벼울 유	目 ⑤ 눈 목	讀 ㉒ 읽을 독	摩 ⑮ 만질 마
垣 ⑨ 담 원	攸 ⑦ 바 유	囊 ㉒ 주머니 낭	觀 ⑭ 구경 완	絳 ⑪ 붉을 강
墻 ⑰ 담 장	畏 ⑨ 두려울 외	箱 ⑮ 상자 상	市 ⑤ 저자 시	霄 ⑮ 하늘 소

남의 귀가 언제나 담벽에 붙어 있는 탓이다.

남의 신상을 헐뜯거나 비방하지 말아야 하는 것은,

독서는 그 보고에 들어설 수 있는 열쇠이다.

글이란 참으로 지혜와 덕을 주는 보고이며,

날이 밝아 이른 아침이 되면 동쪽 하늘에 아침 해가 솟아 오른다.

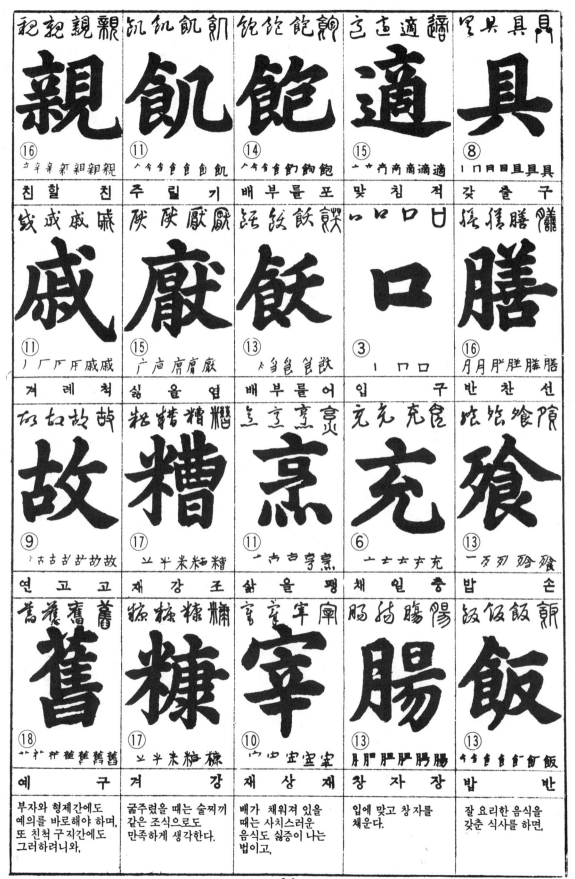

親親親親 ⑯ 立辛亲新耝親親 친할 친	飢飢飢飢 ⑪ 人今今食食飢飢 주릴 기	飽飽飽飽 ⑭ 人今今食飢飽 배부를 포	适适適 ⑮ 一竒商商滴適 맞칠 적	旦具具具 ⑧ 1口日目且具具 갖출 구
戚戚戚戚 ⑪ 1厂厂戶戚戚 겨레 척	厭厭厭厭 ⑮ 广户庐厭厭 싫을 염	飫飫飫飫 ⑬ 食食飫 배부를 어	口口口口 ③ 1口口 입 구	膳膳膳膳 ⑯ 月月肝胖膳膳 반찬 선
故故故故 ⑨ 十古古古故故 연고 고	糟糟糟糟 ⑰ 丷半米糟精 재강 조	烹烹烹烹 ⑪ 一亩古享烹 삶을 팽	充充充食 ⑥ 一十云疒充 채일 충	殮殮殮殮 ⑬ 一歹歹殮殮 밥 손
舊舊舊舊 ⑱ 艹艹萑雚舊舊 예 구	糠糠糠糠 ⑰ 丷半米糟糠 겨 강	宰宰宰宰 ⑩ 宀中宝宰宰 재상 재	腸腸腸腸 ⑬ 月肝肥腸腸 창자 장	飯飯飯飯 ⑬ 人今今食飣飯 밥 반

부자와 형제간에도 예의를 바로해야 하며, 또 친척 구지간에도 그러하려니와,

굶주렸을 때는 술찌끼 같은 조식으로도 만족하게 생각한다.

배가 채워져 있을 때는 사치스러운 음식도 싫증이 나는 법이고,

입에 맞고 창자를 채운다.

잘 요리한 음식을 갖춘 식사를 하면,

紀紀銀銀	統統統統	伟伟侍侍	夷妻妻妾	老老老考
銀	統	侍	妾	老
⑭	⑨	⑧	⑧	⑥
牟金釒釕釖鈤銀	幺糸紁紅統統	亻亻亻佳佳侍侍	亠亠立辛妻妻妾	一十土夬耂老
은 은	큰 깁 환	모 실 시	첩 첩	늙을 노
�燭燭	扇扇扇扇	巾巾巾巾	御御御御	少少少少
燭	扇	巾	御	少
⑰	⑩	③	⑪	④
丶火灯焖焗燭燭	ヽ冖尸肩肩扇	巾巾	彳彳彳彳徉御御	㇒亅亅小少
초 불 촉	부 채 선	수 건 건	모 실 어	젊 을 소
姝熚煒煒	圓圓圓圓	帷帷帷帷	績績績績	異異異異
煒	園	帷	績	異
⑬	⑬	⑪	⑰	⑪
火灯焙煒	门冂冃冃冒圓	巾卅忛忛帷	幺糸紅結績績	口罒田甼累異
빛 날 위	동 산 원	오 직 유	길 쌈 적	다 를 이
煌煌煌煌	潔潔潔潔	紡紡紡紹	房房房房	糧糧糧糧
煌	潔	房	紡	糧
⑬	⑮	⑧	⑩	⑱
火炬煌煌	氵氵沽沽潔潔潔	一彐尸戻房房	幺糸紅紡	丷丬籵籵糧糧糧
빛 날 황	닭 을 결	방 방	길 쌈 방	양 식 량
휘황한 은촉은 밝게 빛난다.	흰 비단으로 만든 부채는 둥글고 깨끗하며,	애정이 담긴 처첩의 성실과 근면성을 말한다.	남편이 벌어다 준 것만으로 편안함을 구하지 않는,	늙은이 젊은이간에도 그 음식이 달라야 한다.

矯 ⑰ 들 교	接 ⑪ 접할 접	絃 ⑪ 줄 현	藍 ⑱ 쪽 람	晝 ⑪ 낮 주
手 ④ 손 수	杯 ⑧ 잔 배	歌 ⑭ 노래 가	筍 ⑫ 댓순 순	眠 ⑩ 잘 면
頓 ⑬ 두드릴 돈	擧 ⑱ 들 거	酒 ⑪ 술 주	象 ⑫ 코끼리 상	夕 ③ 저녁 석
足 ⑦ 발 족	觴 ⑱ 잔 상	讌 ㉕ 잔치 연	床 ⑦ 상 상	寐 ⑫ 잘 매

빈객을 불러모아 술을 마시다가 흥이 났을 때에는 음악에 맞추어 춤을 추니,	술잔을 서로 주기도 받기도 한다.	주연은 현악기와 어울려서 노래하고,	남순과 상상에서 잔다.	낮에는 낮잠을 자고 밤에는 밤대로 자되,

悚 ⑩ 十忄忄忄悚悚 두려울 송	稽 ⑮ 禾禾禾秸稽 조 올 계	祭 ⑪ 제사 제	嫡 ⑭ 만 적	悅 ⑩ 기쁠 열
懼 ㉑ 두려울 구	顙 ⑲ 이마 상	祀 ⑦ 제사 사	後 ⑨ 뒤 후	豫 ⑯ 미리 예
恐 ⑨ 두려울 공	再 ⑥ 두 재	蒸 ⑭ 찔 증	嗣 ⑬ 이을 사	且 ⑤ 또 차
惶 ⑫ 두려울 황	拜 ⑨ 절 배	嘗 ⑬ 맛볼 상	續 ㉑ 이을 속	康 ⑪ 편안 강
매우 두려워하다.	적후사속을 받아서 부모의 상을 당했을 때 하는 절을	증상의 제사도 지낸다.	정실이 낳은 아들은 가계를 계승하고	기쁘고 즐거우며 마음이 유쾌하게 된다.

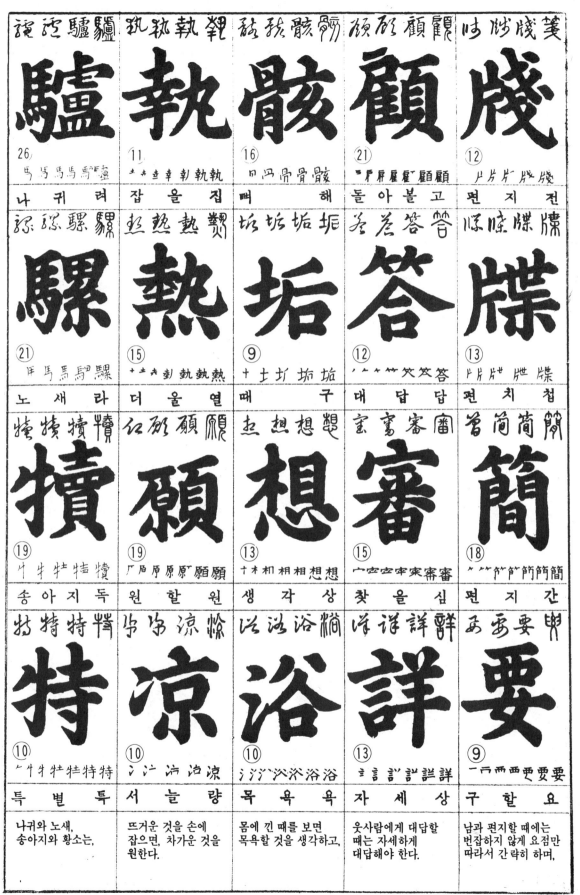

驢 ㉖	執 ⑪	骸 ⑯	顧 ㉑	牋 ⑫
馬馬馬馬驪驢	土土吉幸朝執執	田四骨骨骸	戶戶屏雇雇顧顧	丬片片牋牋
나귀 려	잡을 집	뼈 해	돌아볼고	편 지 전

騾 ㉑	熱 ⑮	垢 ⑨	答 ⑫	牒 ⑬
馬馬馬騾騾	土土吉朝執執熱	土圹圻垢垢	竹竹笁笁答	丬片牪牒牒
노 새 라	더 울 열	때 구	대 답 답	편 치 첩

犢 ⑲	願 ⑲	想 ⑬	審 ⑮	簡 ⑱
牜牛牪犢犢	厂厈原原願願	木相相相想想	宀宋宋审审審審	竹竹筲簡簡簡
송아지독	원 할 원	생 각 상	찾 을 심	편 지 간

特 ⑩	凉 ⑩	浴 ⑩	詳 ⑬	要 ⑨
牜牛牛牛特特	冫汒沪泸凉	氵氵汄浴浴浴	言言訢詳詳詳	一兀兀西要要要
특 별 특	서 늘 량	목 욕 욕	자 세 상	구 할 요

나귀와 노새,
송아지와 황소는,

뜨거운 것을 손에
잡으면, 차가운 것을
원한다.

몸에 낀 때를 보면
목욕할 것을 생각하고,

웃사람에게 대답할
때는 자세하게
대답해야 한다.

남과 편지할 때에는
번잡하지 않게 요점만
따라서 간략히 하며,

稻 稻 稻 稻	布 布 布 市	揺 揺 捕 揺	诛 誄 誄 誄	旅 駭 駭 駭
稻	布	捕	誅	駭
⑩	⑤	⑩	⑬	⑯
千 禾 禾 利 稻	ノ ナ 右 布	扌 扌 扩 折 捐 捕 捕	亠 言 訂 許 誄	甲 馬 馬 駅 駭
메 해	베 포	잡을 포	벨 주	놀랄 해
琴 琴 琴 琴	村 村 射 射	葭 䄃 獲 獲	斬 斬 斬 斬	躍 躍 躍 躍
琴	射	獲	斬	躍
⑬	⑩	⑰	⑪	㉑
一 丁 王 珏 珡 琴	亻 勹 身 身 身 射 射	犭 犭 犷 獉 獲 獲	亠 亘 車 車 斬	口 足 躍 躍 躍
거문고 금	쏠 사	얻을 획	벨 참	뛸 약
阢 阢 院 院	寮 遼 遼 邃	叛 叛 叛 鍋	賊 賊 賊 賊	起 起 超 超
院	遼	叛	賊	超
⑦	⑯	⑨	⑬	⑫
阝 阝 阝 阼 阮 院	大 夳 否 寮 遼	ソ 三 半 叛 叛 叛	目 貝 貯 賊 賊 賊	十 土 耂 走 走 起 超
성 완	멀 료	배반할 반	도둑 적	뛸 초
嘯 嘯 嘯 嘯	丸 丸 丸 丸	亡 亡 亡 亡	盗 盗 盗 盜	驤 驤 驤 驤
嘯	丸	亡	盜	驤
⑯	③	③	⑪	㉖
口 叻 嘯 嘯 嘯	ノ 九 丸	丶 亠 亡	丶 氵 次 浴 盜 盜	馬 馬 馬 駪 驤
휘파람 소	탄자 환	도망 망	도둑 도	달릴 양
혜강의 거문고와 완적의 휘파람이다.	여포의 궁술과 웅의료의 농환이고,	나라를 배반하고 도망한 자는 포박해야 한다.	적도는 마땅히 주창으로 엄벌해야 하고,	뛰고 노는 모습이 고개를 솟구쳐 위로 넘는다.

46

毛 ④	竝 ⑩	釋 ⑳	鈞 ⑫	恬 ⑨
一二三毛	亠立立立竝竝	罒罒罪釋釋釋釋	人스수余金鈞	忄忄忄怡恬
털 모	아우를병	놓을 석	무거울균	편안녕
施 ⑨	皆 ⑨	紛 ⑩	巧 ⑤	筆 ⑫
亠方方扩扩施施	一ヒヒ比比皆皆	幺幺糸糸紛紛紛	一丁工工巧	人人竹竹竹笙筆
베풀시	다 개	어지러울분	공교교	붓 필
淑 ⑪	佳 ⑧	利 ⑦	任 ⑥	倫 ⑩
氵氵汁汁沐淑	亻亻亻什住佳佳	一二千禾禾利利	亻亻仁仟任任	亻仈�ሊ偣偣倫
맑을 숙	아름다울가	이할리	맡길임	인 륜 륜
姿 ⑨	妙 ⑦	俗 ⑨	鈞 ⑪	紙 ⑩
冫㳄㳄㳄姿	〈女女如如妙妙	亻亻伋伀伀俗俗	人스수余金鈞	幺幺糸紅紙紙紙
모 양 자	묘 할 묘	풍 속 속	낚 시 조	종 이 지

모장과 서시는 다같이
절세 미인으로

아울러 모두가
아름답고 절묘하다.

어지러운 것을
해결하는 것은 세인을
이롭게 하고

마균은 교묘한 재주,
임공자는 낚시질로
유명하다.

몽염이 바로 붓을
만들었으며 채륜이
종이를 만들고

晦 (11) 그믐 회	璇 (15) 구슬 선	羲 (16) 복희 희	年 (6) 해 년	工 (3) 장인 공
刀日旷旷晦晦	王王珫珫璇	丷圶莘莘羲	丿一二午年	一丁工
魄 (15) 넋 백	璣 (16) 구슬 기	暉 (13) 빛날 휘	矢 (5) 살 시	顰 (19) 찡그릴 빈
白䰟䰟魄魄魄	王玜玒瑢璣	日旷旷畔暉暉	丿一二午矢	鼰鼰鼰鼰顰顰
環 (17) 고리 환	懸 (20) 달 현	朗 (11) 밝을 랑	每 (7) 매양 매	妍 (7) 고울 연
一王玒玒環環環	县县縣縣縣懸	丶彐良朗朗朗	丿一勺勾每每	大女 奸二奸妍
照 (13) 비칠 조	斡 (14) 돌 알	曜 (18) 빛날 요	催 (13) 재촉 최	笑 (10) 웃음 소
刀日日旷昭昭照	十卉直卓斡	日旷旷睸睸曜	亻亻广伫伫伫催	八竹竿笑笑

그믐에 달이 숨어서
그 실체가 빛을 내지
않다가 선회하여
다시 빛이 비친다.

혼천의는 매달리어
둥글둥글 돌고

일광과 월광은 밝게
비치기만 하는구나.

세월은 화살같이
시시각각 운행하여
다시 되돌아오지
않으나.

얼굴을 찌푸릴 때조차
그 모습은 그대로
천하미인이다.

束 ⑦ 一丌丌市束束 묶 을 속	俯 ⑩ 亻仿俯俯 굽으릴부	矩 ⑩ 一乍矢矩矩 법 구	永 ⑤ 丶丁永永 길 영	指 ⑨ 一扌扌扖指指 가리킬지
帶 ⑪ 一廿卅丗帶帶 띠 대	仰 ⑥ 亻亻仁们仰 우러를앙	步 ⑧ 一止止步步 걸음 보	綏 ⑬ 幺糸糸綏綏 편안 유	薪 ⑰ 卄芏芏薪薪 나무 신
矜 ⑧ 矛予矜矜 자랑 긍	廊 ⑬ 一广广庐庐廊 행랑 랑	引 ④ 一弓弓引 이끌 인	吉 ⑥ 一十吉吉吉吉 길할 길	修 ⑨ 亻攸修修修 닦을 수
莊 ⑪ 卄芃莊莊莊 씩씩할 장	廟 ⑮ 一广广庙庙廟廟 사 당 묘	領 ⑭ 人个令令領領 거느릴령	邵 ⑧ 刀召召邵 높 을 소	祐 ⑨ 礻礻礻祐祐 복 우

속대와 예복은 정중하게 하고,

임금을 대하는 자세와 태도는 부앙이 뚜렷해야 한다.

걸음걸이는 법도에 맞게 하고,

복록을 받고 행실이 선량하면 길이 편안하다.

몸을 닦으면 하늘의 복록을 받아 행복을 누리면서 생명의 무궁함을 알고,

49

焉 ⑪	謂 ⑯	愚 ⑬	孤 ⑦	徘 ⑪
一厂FF丐丐馬焉	言言訂訶訶謂謂謂	口日日禺禺禺愚愚	了子孑孤孤孤	彳彳彳彳彳彳彳徘徘
이 끼 언	이 를 위	어리 석을우	외로 울고	배 회 배
哉 ⑨	語 ⑭	蒙 ⑭	陋 ⑨	佪 ⑨
一十士吉吉哉哉哉	言言訂訂語語語	艹艹芒萺萺蒙蒙	阝阝阞陋陋陋	亻亻佀佀佪佪佪
이 끼 재	말 씀 어	어 릴 몽	더 러울루	배 회 회
乎 ⑤	助 ⑦	等 ⑫	寡 ⑭	瞻 ⑱
一 一 厂 厂 乎	刀月月助助助	竹竹竹笙笙等等	宀宀宀宦宣宣寡	目目眇睁瞻瞻瞻
온 호	도 울 조	등 급 등	적 을 과	볼 첨
也 ③	者 ⑨	誚 ⑭	聞 ⑭	眺 ⑪
一 乜 也	一十耂耂耂者者	言言言訪訪訪誚	丨阝阝阝門門門聞聞	目月助助眺眺
이 끼 야	놈 자	꾸 짖을초	들 을 문	볼 조
이 글에서는 언, 제, 호, 야의 네 글자로 그 결말을 맺었다.)	(앞의 글에서 삼라만상의 자리와 사람된 도리를 광범하게 가르치고 나서,	좁은 지식을 떠나서 항상 상대에게 배워야 한다.	홀로 이룬 비소한 견해로는 무지라는 비방을 면치 못할 것이니,	어정거리거나 부앙하고 먼 곳을 바라봄은 공경을 잃는 일이다.

50

繼善篇 (끊임없는 선행)

子曰 爲善者는 天報之以福하고 爲不善者는 天報之以禍니라

漢昭烈이 將終에 勅後主曰 勿以惡小而爲之하고 勿以善小而不爲하라

莊子曰 一日不念善이면 諸惡이 皆自起니라

太公이 曰 見善如渴하고 聞惡如聾하라 又曰 善事란 須貪하고 惡事란 莫樂하라

馬援이 曰 終身行善이라도 善猶不足이요 一日行惡이라도 惡自有餘니라

司馬溫公이 曰 積金以遺子孫이라도 未必子孫이 能盡守요 積書以遺子孫이라도 未必子孫이 能盡讀이니 不如積陰德於冥中에 以爲子孫之計也니라

景行錄에 曰 恩義를 廣施하라 人生何處不相逢이랴 讐怨을 莫結하라 路逢狹處면 難回避니라

莊子曰 於我善者도 我亦善之하고 於我惡者도 我亦善之니라 我旣於人에 無惡이면 人能於我에 無惡哉인저

東岳聖帝垂訓에 曰 一日行善이라 福雖未至나 禍自遠矣오 一日行惡이라 禍雖未至나 福自遠矣니 行善之人은 如春園之草하여 不見其長이라도 日有所增하고 行惡之人은 如磨刀之石하여 不見其損이라도 日有所虧니라

種瓜得瓜요 種豆得豆니 天網이 恢恢하여 疎而不漏니라

子曰 見善如不及하고 見不善如探湯하라

天命篇 (하늘에 순응하는 길)

子曰 順天者는 存하고 逆天者는 亡이니라

康節邵先生이 曰 天聽이 寂無音하니 蒼蒼何處尋고 非高亦非遠이라 都只在人心이니라

玄帝垂訓에 曰 人間私語라도 天聽은 若雷하고 暗室欺心이라도 神目은 如電이니라

益智書에 云 惡鑵이 若滿이면 天必誅之니라

莊子曰 若人이 作不善하여 得顯名者는 人雖不害나 天必戮之니라

子ㅣ曰獲罪於天이면 無所禱也ㅣ니라.
오이를 심으면 오이를 얻고 콩을 심으면 콩을 얻느니 하늘이 그물이 넓고
공자 가라사대 하늘에 죄를 지으면 빌곳이 없느니라.

順命篇 (숙명의 길)

子ㅣ曰死生이 有命이오 富貴在天이라.
공자 가라사대 죽고 사는 것이 명이 있고 귀한 것이 하늘에 있느니라

萬事分已定이어늘 浮生空自忙이니라.
일만가지 일이 분수가 이미 정하여 있거늘 세상 사람이 부질없이 스스로 바쁘니라.

景行錄에 云禍不可倖免이오 福不可再求ㅣ니라.
경행록에 이르대 재화는 가히 요행으로 면치 못하고 복은 가히 두번 구하지 못할 것이니라.

時來風送滕王閣이오 運退雷轟薦福碑라.
때가 오매 바람은 등왕각에 보내고 운수가 물러가매 우뢰가 천복비에 들리느니라.

列子ㅣ曰痴聾痼瘂도 家豪富요 智慧聰明도 却受貧이라 年月日時ㅣ 該載定하니 算來由命不由人이라.
열자 가라사대 어리석고 귀먹고 고질있고 벙어리라도 집이 큰 부자요 지혜 있고 총명하되 도리어 가난함이 있어 해와 달과 날과 시간이 분명히 정하여 있어 부하고 가난함은 사람에 있지 않고 명에 있느니라.

孝行篇 (부모에게 보답하는 길)

詩曰父兮生我하시고 母兮鞠我하시니 哀哀父母ㅣ여 生我劬勞삿다 欲報深恩대인 昊天罔極
시왈 아버지 나를 낳으시고 어머니 나를 기르시니 슬프고 슬프다 아버지 어머니여 나를 낳아 힘쓰시고 수고 하셨도다 그 은혜를 갚고저 할진대 하늘이 다함이 없도다.

極다이로

子ㅣ曰孝子之事親也에 居則致其敬하고 養則致其樂하고 病則致其憂하고 喪則致其哀하고 其哀하며 祭則致其嚴이니라.
공자 가라사대 효자가 부모 섬기기를 기함인 즉 그 공경을 다하고 봉양한엔 즉 그 즐거움을 다하고 병든 즉 그 근심을 다하고 죽은 즉 그 슬픔을 다하고

子ㅣ曰父母ㅣ在어시는 不遠遊하며 遊必有方이니라.
공자 가라사대 부모 계시거든 멀리 놀지말며 가는 곳을 알릴지어라.

子ㅣ曰父命召든어시 唯而不諾하고 食在口則吐之니라.
공자 가라사대 아버지께서 부르시거든 대답하여 거스리지 말고 밥이 입에 있으면 이를 또한 효도하니라.

太公이曰孝於親이면 子亦孝之하나니 身既不
태공이 가라사대 아버지께 효도하면 자식이 또한 효도하니라 내몸이

孝子何孝焉이리

孝順은 還生孝順子요 忤逆은 還生忤逆子하나니 不信든커 但看簷頭水하라 點點滴滴
효순은 도로 효순자를 낳을 것이요 오역은 도로 오역하는 한 자식을 낳을 것이요 오역하는 이는 믿지 못할 것 같으면 오직 처마 끝에 물을 보

正己篇 (바른 성품과 하늘의 이치)

아래 정정이 떨어지고 떨어짐의 어기어 옳지 않느니라.

景行錄에 云大丈夫ㅣ當容人이언정 無爲人
경행록에 이르대 대장부가 마땅히 남을 용납할 지언정 남에게 용납된 바 되지 말지니라.

見人之善而尋己之善하고 見人之惡而尋己之惡이니 如此면 方是有益이라.
성리서에 이르되 남의 착한 것을 보고서 나의 착한 것을 찾을지니라 남의 악한 것을 보고서 나의 악한 것을 찾을지니라 이같이 함으로써 바야흐로 이익이 있느니라.

性理書에 云見人之善
성리서에 이르되 남의 착한 것

太公이曰勿以貴己而賤人하고 勿以自大而蔑小하고 勿以恃勇而輕敵이라.
태공이 가라사대 몸이 귀함으로써 남을 천히 여기지 말고 내가 큰 것으로써 적은 것을 업수히 여기지 말고 용맹을 믿음으로써 적국을 가벼이 여기지 말지니라.

馬援이曰聞人之過失이든 如聞父母之名이언정 耳可得聞이언정 口不可言也니라.
마원이 가라사대 남의 허물을 듣거든 부모의 이름을 들음과 같이하여 귀로 들을지언정 입으로 가히 말하지 말지니라.

康節邵先生이曰聞人之謗이라도 未嘗怒하며 聞人之譽도 未嘗喜하며 聞人之惡이라도 未嘗和하며 聞人之善則就而和之하고 又從而喜之라니 其詩에 曰樂見善人하며 樂聞
강절소 선생이 가라대 남의 비방함을 듣거든 일찍 성내지 말며 남의 착함을 듣거든

善事(선사)며 樂道善言(낙도선언)고 樂行善意(낙행선의)고 聞人之(문인지)
惡(악)이어든 如負芒棘(여부망극)고 聞人之善(문인지선)은 如佩蘭(여패란)
蕙(혜)니라.

강절소 선생이 가라대 남의 비방을 들어도 곧 성내지 말며 남의 칭찬을 들어도 곧 화답하지 말라. 남의 악함을 들어도 곧 이에 화답하지 말고 남의 착함을 들거든 나아가 기뻐하고 또 기뻐하라. 그 시에 가라대 착한 사람을 보기를 즐거워하며 착한일 듣기를 즐거워하며 착한말 하기를 즐거워하며 착한뜻 행하기를 즐거워하라. 남의 악함을 듣거든 가시를 몸에 진 것같이 하고 남의 착함을 들거든 난초를 찬 것같이 하라.

道吾善者(도오선자)는 是吾賊(시오적)이오 道吾惡者(도오악자)는 是吾(시오)
師(사)니라.

나를 착하다고 말하는 자는 그것이 나의 도적이요 나를 악하다 말하는 자는 그것이 나의 스승이니라.

太公(태공)이 曰勤爲無價之寶(왈근위무가지보)오 愼是護身之(신시호신지)
符(부)니라.

태공이 말하기를 부지런함은 비할 수 없는 귀중한 것이 될 것이요 삼가 하는 것은 이 몸을 보호하는 병부이니라.

景行錄(경행록)에 曰保生者(왈보생자)는 寡慾(과욕)고 保身者(보신자)는 避(피)
名(명)이니 無慾(무욕)은 易(이)나 無名(무명)은 難(난)이라.

경행록에 가라대 삶을 보전하는 자는 욕심이 적고 몸을 보전하는 자는 이름을 피하나니 욕심 없애기는 쉽고 이름 없애기는 어려우니라.

子曰君子(자왈군자) 有三戒(유삼계)니 小之時(소지시)엔 血氣未(혈기미)
定(정)이라 戒之在色(계지재색)고 及其壯也(급기장야)안 血氣方剛(혈기방강)
이라 戒之在鬪(계지재투)고 及其老也(급기노야)안 血氣旣衰(혈기기쇠)라 戒
之在得(지재득)이니라.

공자 가라사대 군자는 세가지 경계가 있으니 젊었을 때에는 혈기가 바야흐로 강한지라 경계할 것이 색에 있고 그 장성함에 미쳐서는 혈기가 이미 쇠한지라 정치못한지라 경계할 것이 싸움에 있고 그 늙음에 있어서는 혈기가 이미 쇠하여 정치못한지라.

孫眞人養生銘(손진인양생명)에 云怒甚偏傷氣(운노심편상기)오 思多(사다)
太損神(태손신)이라 神疲心易役(신피심이역)이오 氣弱病相因(기약병상인)이라
勿使悲歡極(물사비환극)고 當令飲食均(당령음식균)하며 再三防(재삼방)
夜醉(야취)고 第一戒晨嗔(제일계신진)이라.

손진인 양생명에 가라대 성내기를 심히 하면 기운이 상하고 생각이 많으면 크게 정신이 상하느니라. 정신이 피곤하면 마음이 수고롭기 쉽고 기운이 약하면 병이 나는 원인이니라. 슬퍼하고 기뻐하면 마음을 다하지 말고 음식을 고르게 하며 재삼 밤에 술취하지 말고 새벽에 성을내어 꾸짖는 일을 첫째로 조심하라.

景行錄(경행록)에 曰食淡精神爽(왈식담정신상)이오 心淸夢寐(심청몽매)
安(안)이니라.

경행록에 말하기를 음식이 깨끗하면 마음이 상쾌하고 마음이 맑으면 잠을 편히 잘 수가 있느니라.

紫虛元君誡諭心文(자허원군계유심문)에 曰福生於淸儉(왈복생어청검)고
德生於卑退(덕생어비퇴)고 道生於安靜(도생어안정)고 命生於(명생어)
和暢(화창)고 憂生於多慾(우생어다욕)고 禍生於多貪(화생어다탐)고 過(과)
生於輕慢(생어경만)고 罪生於不仁(죄생어불인)이니 戒眼莫看(계안막간)
他非(타비)고 戒口莫談他短(계구막담타단)고 戒心莫自貪(계심막자탐)
嗔(진)고 戒身莫隨惡伴(계신막수악반)고 無益之言(무익지언)을 莫妄(막망)
說(설)고 不干己事(불간기사)를 莫妄爲(막망위)고 尊君王孝父(존군왕효부)

자허원군의 성유심문에 말하기를 복은 맑고 수수한 곳에서 생기고 덕은 낮추어 사양하는 곳에서 생기고 도는 편안하고 고요한 데에서 생기고 명은 화창한 데서 생기고 근심은 욕심이 많은 데에서 생기고 화는 탐내는 곳에서 생기는 것이고 잘못은 욕심이 많은 데에서 생기는 것이고 죄는 착하지 않은데서 생기느니라. 눈을 가다듬어 남의 잘못됨을 보지 말고 입을 가다듬어 남의 잘못을 말하지 말고 마음을 가다듬어 스스로 탐내지 말고 몸을 가다듬어 나쁜친구를 사귀지 말라. 유익하지 않은 말을 함부로 하지 말고 자기에게 관계가 없는 일을 함부로 하지 말라. 임금을 존경하고 부모에게 효도하며

母敬尊長奉有德(모경존장봉유덕)고 別賢愚恕無識(별현우서무식)고
物順來而勿拒(물순래이물거)며 物旣去而勿追(물기거이물추)고 身未(신미)
遇而勿望(우이물망)며 事已過而勿思(사이과이물사)고 聰明(총명)도 多(다)
暗昧(암매)오 算計(산계)도 失便宜(실편의)니 損人終自失(손인종자실)이오
依勢禍相隨(의세화상수)라 戒之在心(계지재심)고 守之在氣(수지재기)라
爲不節而亡家(위부절이망가)오 因不廉而失位(인불렴이실위)니라 勸(권)
君自警於平生(군자경어평생)하나니 可歎可警而可思(가탄가경이가사)니라
上臨之以天鑑(상림지이천감)고 下察之以地祇(하찰지이지기)라 明有(명유)
三法相繼(삼법상계)고 暗有鬼神相隨(암유귀신상수)라 惟正可守(유정가수)
오 心不可欺(심불가기)니 戒之戒之(계지계지)하라.

윗사람을 공경하고 어른을 섬기며 덕이 있는 이를 받들고 어질고 어리석은 것을 분별하며 무식한 것을 용서하라. 물건이 순히 오거든 막지 말며 이미 지나갔거든 쫓지 말고 몸이 대접을 못받거든 바라지 말며 일이 이미 지나갔거든 생각지 말라. 총명한 사람도 어둡고 어리석을 때가 있고 잘 짜인 계획도 편의를 잃는 수가 있느니라. 남을 손해되게 하면 마침내 자기도 손해요 세력에 의지하면 재앙이 서로 따르느니라. 조심하는 것은 마음에 있고 지키는 것은 기운에 있느니라. 절약하지 아니함으로써 집안을 망치고 청렴치 못함으로 인하여 지위를 잃느니라. 그대에게 평생동안 스스로 경계하기를 권하노니 가히 탄식하고 가히 경계하고 가히 생각할 것이니라. 위에는 하늘이 거울같이 임하고 아래에는 땅의 귀신같이 살피나니라. 밝은 데에는 세가지 법이 서로 이어 있고 어두운데에는 귀신이 서로 따르느니라. 오직 바른 것은 지킬 것이며 마음은 가히 속이지 못할 것이니 조심하고 조심하라.

53

定心應物하면 雖不讀書라도 可以爲有德君子ㅣ니라

마음을 정하여 모든 일에 대하면 비록 글을 읽지 못하더라도 가히 써 덕이 있는 군자가 되느니라.

安 分 篇 (만족과 분수의 한계)

景行錄에 云知足可樂이오 務貪則憂라하니

경행록에 이르기를 족한 줄을 알면 가히 즐겁고 탐내기를 힘쓰면 근심 이니라.

知足者는 貧賤亦樂이오 不知足者는 富貴亦憂라하니

족함을 아는 자는 가난하고 천하여도 또한 즐겁고 만족함을 알지 못하는 자는 부귀하여도 또한 근심하느니라.

濫想은 徒傷神이오 妄動은 反致禍라

넘친 생각은 한갓 정신만 상하고 망녕되이 행함은 도리어 재화를 일으키니라.

知足常足이면 終身不辱하고 知止常止면 終身無恥니라

족한 것을 알아 항상 족하면 죽는 때까지 욕되지 않고 그침을 알아 늘 그치면 종신토록 부끄러움이 없느니라.

書에 日滿招損하고 謙受益이니라

서전에 말하기를 가득하면 덜림을 당하고 겸손하면 이로움을 받느니라.

安分吟에 日安分身無辱이오 知機心自閑이니라

안분음에 말하기를 분수에 편안하면 몸에 욕이 없고 기틀을 알면 마음이 스스로 한가하니라.

雖居人世上이나 却是出人間이라

비록 사람이 세상에 살아 있을지라도 이 인간에 뛰어 나니라.

存 心 篇 (마음가짐)

景行錄에 云坐密室을 如通衢하고 馭寸心을 如六馬하면 可免過라니

경행록에 이르기를 밀실에 앉았기를 네거리를 통함 같이 하고 마음을 움직이기를 여섯 말을 부리는 것 같이 하면 가히 허물을 면하느니라.

擊壤詩에 云富貴를 如將智力求댄 仲尼도 年少에 合封侯라 世人은 不解靑天意하고 空使身心半夜愁니라

격양시에 이르기를 부귀를 만일 지혜와 힘으로써 구할진대 중니도 나이 적어서 마땅히 제후를 봉하리라 세상 사람은 푸른 하늘의 뜻을 알지 못하고 부질없이 몸과 마음으로 하여금 밤중에 근심케 하느니라.

范忠宣公이 戒子弟曰人雖至愚나 責人則明하고 雖有聰明이나 恕己則昏이니爾曹는 但當以責人之心으로 責己하고 恕己之心으로 恕人則不患不到聖賢地位也니라

범충선공이 자제를 경계하여 가라대 사람이 비록 지극히 미련하나 남을 책망하는 데는 밝고 비록 총명이 있으나 몸을 용서하는 데는 어두우니 너희들은 다만 마땅히 남을 책망하는 마음으로써 몸을 책망하고 몸을 용서하는 마음으로써 남을 용서하면 성인과 현인이 되지 못할까 근심하지 말지니라.

子ㅣ日聰明思睿라도 守之以愚하고 功被天下라도 守之以讓하고 勇力振世라도 守之以怯하고 富有四海라도 守之以謙이니라

자가 가로대 총명하고 생각함이 밝고 통달하여도 이를 지키되 어리석음으로 하고 공이 천하에 덮었더라도 이를 지키되 사양함으로 하고 용력이 세상에 떨쳤더라도 이를 지키되 겁냄으로 하고 부가 사해를 두었더라도 이를 지키되 겸손함으로 할지니라.

素書에 云薄施厚望者는 不報하고 貴而忘賤者는 不久니라

소서에 가라대 박하게 베풀고 두텁게 바라는 자는 갚음이 없고 귀하여 천한 때를 잊는 자는 오래지 못하느니라.

施恩勿求報하고 與人勿追悔하라

은혜를 베풀거든 갚음을 바라지 말고 남을 주었거든 뉘우치지 말라.

孫思邈이 日膽欲大而心欲小하고 知欲圓而行欲方이니라

손사막이 가라대 담은 크고저 하고 마음은 작고저 하며 지혜는 둥글고저 하고 행실은 방정하고저 할지니라.

念念要如臨戰日하고 心心常似過橋時라니

생각생각은 싸움을 만난 날같이 하고 마음마음은 항상 다리를 건늘 때와 같이 조심하여야 하나니라.

懼法朝朝樂이오 欺公日日憂라니

법을 두려워하면 아침마다 즐겁고 공사를 속이면 날마다 근심이 있느니라.

朱文公이 日守口如甁하고 防意如城하라

주문공이 가라대 입 지키기를 병같이 하고 뜻 막기를 성같이 할지니라.

心不負人이면 面無慙色이니라

마음이 남에게 지지 않으면 얼굴에 부끄러운 빛이 없느니라.

人無百歲人이 枉作千年計니라

사람은 백 살 사는 사람이 없건마는 헛되이 천 년의 계교를 짓느니라.

寇萊公六悔銘에 云官行私曲失時悔오 富不儉用貧時悔오 藝不少學過時悔오 見事不學用時悔오 醉後狂言醒時悔오 安不將息病時悔라니

구래공의 육회명에 이르기를 벼슬아치가 사사로운 일을 행하면 물러갈 때에 뉘우치고 부자가 아끼어 쓰지 않으면 가난하여져서 뉘우치고 재주를 어릴 때에 배우지 않으면 시기가 지났을 때에 뉘우치고 일을 보고 배우지 않으면 쓸 때에 뉘우치고 취한 후에 미친 말은 술 깬 후에 뉘우치고 몸이 건강할 때에 몸을 조심하지 않으면 병이 든 때에 뉘우칠 것이니라.

益智書에 云寧無事而家貧이언정 莫有事而家富요 寧無事而住茅屋이언정 不有事而住金屋이요 寧無病而食麁飯이언정 不有病而服良藥이니라

心安茅屋穩이요 性定菜羹香이니라

景行錄에 云責人者는 不全交요 自恕者는 不改過니라

夙興夜寐하여 所思忠孝者는 人不知나 天必知之요 飽食煖衣하여 怡然自衛者는 身雖安이나 其如子孫에 何오

以愛妻子之心으로 事親則曲盡其孝요 以保富貴之心으로 奉君則無往不忠이요 以責人之心으로 責己則寡過요 以恕己之心으로 恕人則全交니라

爾謀不臧悔之何及이며 爾見不長敎之何益이리요 利心專則背道요 私意確則滅公이니라

八 戒 性 篇 (사람의 성품)

景行錄에 云人性이 如水야 水一傾則不可復이요 性一縱則不可反이니 制水者는 必以堤防하고 制性者는 必以禮法이니라

忍一時之忿이면 免百日之憂니라

得忍且忍이오 得戒且戒하라 不忍不戒면 小事成大니라

愚濁生嗔怒는 皆因理不通이라 休添心上火하고 只作耳邊風하라 長短은 家家有요 炎凉은 處處同이라 是非無相實하여 究竟摠成空이니라

子張이 欲行에 辭於夫子한대 願賜一言이 爲修身之美하노이다 子ㅣ 曰百行之本이 忍之爲上이니라 子張이 曰何爲忍之닛고 子ㅣ 曰天子ㅣ 忍之면 國無害하고 諸侯ㅣ 忍之면 成其大하고 官吏ㅣ 忍之면 進其位하고 兄弟ㅣ 忍之면 家富貴하고 夫妻ㅣ 忍之면 終其世하고 朋友ㅣ 忍之면 名不廢하고 自身이 忍之면 無禍害니라

子張이 曰不忍則如何닛고 子ㅣ 曰天子ㅣ 不忍이면 國空虛하고 諸侯ㅣ 不忍이면 喪其軀하고 官吏ㅣ 不忍이면 刑法誅하고 兄弟ㅣ 不忍이면 各分居하고 夫妻ㅣ 不忍이면 令子孤하고 朋友ㅣ 不忍이면 情意疎하고 自身이 不忍이면 患不除라 子張이 曰善哉善哉라 難忍難忍이여 非人不忍이오 不忍非人이로다

공자가 말씀하시기를 널리 배워서 뜻을 두텁게 하고 묻기를 진실로 하여 생각을 가까이 하면 어짐이 그 가운데 있느니라.

子曰博學而篤志하고 切問而近思면 仁在其中矣니라

勤學篇 (부지런히 배워 학문에 힘씀)

莊子ㅣ 曰人之不學은 如登天而無術하고 學而智遠이면 如披祥雲而覩靑天하고 登高山而望四海라

徽宗皇帝ㅣ 曰學者는 如禾如稻하고 不學者는 如蒿如草로다 如禾如稻兮여 國之精糧이오 世之大寶로다 如蒿如草兮여 耕者憎嫌하고 鋤者煩惱니라 他日面墻에 悔之已老로다

論語에 曰學如不及이오 惟恐失之니라

禮記에 曰玉不琢이면 不成器하고 人不學이면 不知義라

太公이 曰人生不學이면 如冥冥夜行이라

韓文公이 曰人不通古今이면 馬牛而襟裾라

朱文公이 曰家若貧이라도 不可因貧而廢學이오 家若富라도 不可恃富而怠學이니 貧若勤學이면 可以立身이오 富若勤學이면 名乃光榮이리니 惟見學者顯達이오 不見學者無成이니라 學者는 乃身之寶요 學者는 乃世之珍이니라 是故로 學則乃爲君子요 不學則爲小人이니 後之學者는 宜各勉之니라

訓子篇 (가르침의 길)

景行錄에 云賓客不來면 門戶俗하고 詩書無敎子孫愚니라

莊子ㅣ 曰事雖小나 不作이면 不成이오 子雖賢이나 不敎면 不明이니라

景行錄에 云屈己者는 能處重하고 好勝者는 必遇敵이니라

惡人이 罵善人커든 善人은 摠不對하라 不對는 心淸閑이오 罵者는 口熱沸니라 正如人唾天하여 還從己身墜니라

我若被人罵라도 佯聾不分說라 譬如火燒空하여 空不救自然滅이라 我心은 等虛空이어늘 摠爾飜脣舌이니라

凡事에 留人情이면 後來에 好相見이니라

漢書에 云黃金滿籯이 不如敎子一經이요 賜子千金이 不如敎子一藝니라
한서에 이르되 황금이 상자에 가득 하더라도 아들에게 경서 하나를 가르침과 같지 못하니라. 아들에게 천금을 주는 것이 아들에게 한 재주를 가르침과 같지 못하니라.

太公이 曰男子失敎면 長必頑愚하고 女子失敎면 長必麁疎니라
태공이 말하기를 남자가 가르치지 않으면 자라서 반드시 거칠고 어리석고 여자가 말하기를 가르치지 않으면 자라서 손씨가 없느니라.

男年長大어든 莫習樂酒하고 女年長大어든 莫令遊走니라
남자가 나이를 먹어 크거든 풍악과 술 먹기를 배우지 말게 하고 여자가 나이를 먹어 크거든 놀러 다니지 말게 하니라.

嚴父는 出孝子요 嚴母는 出孝女니라
엄한 아버지는 효자를 낳고 엄한 어머니는 효녀를 낳으니라.

憐兒어든 多與棒하고 憎兒어든 多與食하라
아이를 어여삐 여기거든 매를 많이 주고 아이가 미거든 밥을 많이 주라.

人皆愛珠玉이나 我愛子孫賢이니라
사람은 다 구슬과 옥을 사랑하나 나는 자손의 어진것을 사랑할 지니라.

呂榮公이 曰內無賢父兄하고 外無嚴師友 而能有成者 鮮矣니라
여공이 말하기를 집안에 어진 부형이 없고 밖으로 엄한 스승과 벗이 없으면 능히 뜻한 것을 이룰 수 있는 자가 드무니라.

至樂은 莫如讀書요 至要는 莫如敎子니라
지극히 즐거운 것은 글읽는 것 같은 것이 없고 지극히 요긴한 것은 아들을 가르키는 것 같은 것이 없니라.

景行錄에 云寶貨는 用之有盡이요 忠孝는 享之無窮이라
경행록에 이르되 보화는 쓰면 다함이 있고 충성과 효도는 누려고 다함이 없느니라.

家和貧也好어니 不義富如何오 但存一子孝면 何用子孫多리오
집이 화목하면 가난해도 좋기나와 의리가 아니면 부자된들 무엇하리오 다만 한 아들이 효도함이 있으면 어찌 자손많음을 쓰리오.

父不憂心因子孝요 夫無煩惱是妻賢이라 言多語失皆因酒요 義斷親疏只爲錢이라
아버지를 근심없게 하는 것은 아들의 어진 데 있고 남편을 번거롭지 않게 하는 것은 아내의 어진 데 있고 말을 많이 하여 실수함은 모두 술을 먹음에 인함이요 의가 끊어지고 친함이 갈라지는 것은 다만 돈 때문이다.

旣取非常樂이어든 須防不測憂니라
이미 비상한 낙을 취했거든 모르지 못할 근심을 막을 지니라.

得寵思辱하고 居安慮危니라
총애를 받으면 욕을 생각하고 편안한 곳에 살으면 위험한 것을 생각할 것이니라.

榮輕辱淺이요 利重害深이라
영화가 가벼우면 욕됨이 얕으니 크면 해가 깊으니라.

甚愛必甚費요 甚譽必甚毀요 甚喜必甚憂요 甚臟必甚亡이니라
심히 사랑하면 반드시 심히 허비되고 심히 칭찬하면 반드시 심히 헐고 심히 기뻐하면 반드시 심히 망하니라.

子 曰不觀高崖면 何以知顚墜之患이며 不臨深泉이면 何以知沒溺之患이며 不觀巨海면 何以知風波之患이오
공자 가라사대 높은 낭떨어지를 보지 못하면 어찌 떨어질 근심을 알며 깊은 못을 보지 아니하면 어찌 빠지는 근심을 알며 큰 바다를 보지 못하면 어찌 풍파의 근심을 알 수 있나니라.

子 曰明鏡은 所以察形이요 往者는 所以知今이니라
공자 가라사대 밝은 거울은 얼굴을 살필 수 있고 지나간 일은 이로써 현재의 것을 안다.

洪基躍이 少貧甚無料러니 踊躍獻七兩錢曰此在鼎中이러니 驚曰是石이요 柴可數馱니 天賜天賜라하고 何金即書失金人推去等字야付之門楣而待하니 俄而姓劉者 來問書意어늘公悉言之대 劉 曰理無失金於人之鼎이라야 內하니 果天賜也라 盡取之넛고公 曰非吾物來라 還憐家勢蕭條而施之하니 今感公之廉価하고 良心自發하야 誓不更盜하고 願常待하니 劉 俯伏曰小的이 昨夜에 爲竊鼎來하야 爲良則善矣나 金不可取라하고 後에 公이 爲判書하야 其子在龍이 爲憲宗國舅며 劉亦見信하야 身家大昌하니라

景行錄에 云結怨於人은 謂之種禍요 捨

太公이 日凡人을 不可逆相이요 海水는 不可 斗量이니라

海枯終見底나 人死不知心이니라

對面共話호되 心隔千山이니라

畫虎畫皮難畫骨이요 知人知面不知心이니라

疑人莫用하고 用人勿疑니라

諷諫에 云水底魚天邊雁은 高可射兮 低可釣어니와 惟有人心咫尺間에 咫尺人心不可料니라

善不爲는 謂之自賊이라

若聽一面説이면 便見相離別이니라

飽煖엔思淫慾하고 飢寒에發道心이니라

疏廣이 日賢人多財則損其志하고 愚人多財則益其過니라

人貧智短하고 福至心靈이니라

不經一事면 不長一智니라

是非終日有라도 不聽自然無니라

撃壤詩에 云平生에 不作皺眉事하면 世上에 應無切齒人이니 大名을 豈有鑴頑石가 路上行人이 口勝碑니라

有福莫享盡하라 福盡身貧窮이요 有勢莫使盡하라 勢盡寃相逢이라 福兮常自惜하고 勢兮常自恭하라 人生驕與侈는 有始多無終이라

王參政四留銘에 日留有餘不盡之巧하야 以還造物하고 留有餘不盡之祿하야 以還朝廷하고 留有餘不盡之財하야 以還百姓하고 留

有餘不盡之福하야 以還子孫이니라

王參政四留銘에 日留有餘不盡之巧하야 以還造物하고 留有餘不盡之祿하야 以還朝廷하고 留有餘不盡之財하야 以還百姓하고 留有餘不盡之福하야 以還子孫이니라

巧者는 拙之奴요 苦者는 樂之母라

小船은 難堪重載요 深逕은 不宜獨行이라

黃金이 未是貴요 安樂이 値錢多니라

在家에 不會邀賓客이면 出外에 方知少主人이라

有麝自然香이니 何必當風立고

貧居鬧市無相識이요 富住深山有遠親이라
人義는 盡從貧處斷이요 世情은 便向有錢家ㅣ라니
寧塞無底缸이언정 難塞鼻下橫이라
人情은 皆爲窘中踈라니
史記에 曰郊天禮廟는 非酒不享이요 君臣
朋友는 非酒不義요 鬪爭相和는 非酒不
勸이라 故로 酒有成敗而不可泛飮之니라

子ㅣ曰 士志於道而恥惡衣惡食者는 未足與議也ㅣ니라
荀子ㅣ曰 士有妬友則賢交不親하고 君有妬臣則賢人不至라니
天不生無祿之人고 地不長無名之草라니

成家之兒는 惜糞如金하고 敗家之兒는 用金如糞이라
大富는 由天하고 小富는 由勤이라
康節邵先生이 曰閑居에 愼勿說無妨하라 纔說無妨便有妨하라니
快心事過必有殃이라 爽口勿說多能作疾
不若病前能自防이라 與其病後能服藥은

梓童帝君垂訓에 曰妙藥도 難醫寃債病이요
橫財도 不富命窮人이라 生事事生君莫

花落花開開又落하고 錦衣布衣更換着이라
豪家未必常富貴요 貧家未必長寂寞이라
扶人未必上靑霄요 推人未必塡邱壑이라

怨害人人害를 汝休嗔하라 天地自然皆有報니라 遠在兒孫近在身이라
堪歎人心毒似蛇라 誰知天眼轉如車
去年妄取東隣物터니 今日還歸北舍家라
無義錢財湯潑雪이요 黨來田地水推沙라
若將校譎爲生計면 恰似朝雲暮落花ㅣ라
無藥可醫卿相壽요 有錢難買子孫賢이라
一日淸閑一日仙이라

立敎篇 (생활실천의 근본 요강)

子ㅣ曰 立身有義而孝其本이요 喪祀有禮而哀爲本이요 戰陣有列而勇爲本이요
治政有理而農爲本이요 居國有道而嗣爲本이요

生財有時而力爲本이니라

景行錄에 云爲政之要는 曰公與淸이요 成家之道는 曰儉與勤이라

三綱은 君爲臣綱이요 父爲子綱이요 夫爲婦綱이라

王蠋이 曰忠臣은 不事二君이요 烈女는 不更二夫라

忠子曰治官엔 莫若平이요 臨財엔 莫若廉이라

張思叔座右銘에 曰凡語를 必忠信하며 凡行을 必篤敬하며 飲食을 必愼節하며 字畫을 必楷正하며 容貌를 必端莊하며 衣冠을 必整肅하며 步履를 必安詳하며 居處를 必正靜하며 作事를 必謀始하며 出言을 必顧行하며 常德을 必固持

然諾을 必重應하며 見善如己出하며 見惡如己病하라 凡此十四者는 皆我未深省이라 書此當座右하야 朝夕視爲警하노라

范益謙座右銘에 曰一不言朝廷利害邊報差除요 二不言州縣官員長短得失이요 三不言衆人所作過惡之事요 四不言仕進官職趨時附勢요 五不言財利多少厭貧求富요 六不言淫媒戲慢評論女色이요 七不言求覓人物干索酒食이요 又人付書信을 不可開坼沈滯요 與人並坐에 不可窺人私書요 凡入人家에 不可看人文字요 凡借人物에 不可損壞不還이요 凡喫飲食에 不可揀擇去取요 與人同處에 不可自擇便利요 凡人富貴를 不

可歎羨詆毀니 凡此數事에 有犯之者면 足以見用心之不正이라 於正心修身에 大有所害라 因書以自警하노라

武王이 問太公曰人居世上에 何得貴賤貧富不等고 願聞說之하야 欲知是矣로다 太公이 曰富貴는 如聖人之德하야 皆由天命이어니와 富者는 用之有節하고 不富者는 家有十盜니라

武王이 曰何謂十盜닛고 太公이 曰時熟不收爲一盜요 收積不了爲二盜요 無事燃燈寢睡爲三盜요 慵懶不耕이 爲四

盜不施功力이 爲五盜요 專行巧害 爲
六盜요 養女太多 爲七盜요 晝眠懶起
爲八盜요 貪酒嗜慾이 爲九盜요 强行嫉
妬 爲十盜니라

武王이 曰 家無三耗而不富者는 何如
니잇고 太公이 曰 人家에 必有一錯二誤三痴四
失五逆六不祥七奴八賤九愚十强이니라

武王이 曰 願悉聞之하나이다 太公이 曰 養男不
敎訓이 爲一錯이요 嬰孩不訓이 爲二誤요
初迎新婦不行嚴訓이 爲三痴요 未語先
笑 爲四失이요 不養父母 爲五逆이요 夜
起赤身이 爲六不祥이요 好挽他弓이 爲七

奴요 愛騎他馬 爲八賤이요 喫他酒勸他
人이 爲九愚요 喫他飯命朋友 爲十强
矣니라

武王이 曰 甚美誠哉라 是言也여

治政篇 (나랏일 이루는 터전)

明道先生이 曰 一命之士 苟有存心
於愛物이면 於人에 必有所濟니라

唐太宗御製에 云 上有麾之하고 中有乘
之하고 下有附之하여 幣帛衣之요 倉稟食之
하니 爾俸爾祿이 民膏民脂라 下民은 易虐
이어니와 上蒼은 難欺니라

淸曰愼曰勤이라 知此三者면 知所以持身
矣니라

當官者는 必以暴怒爲戒하여 事有不可어
든 當詳處之면 必無不中이어니와 若先暴怒먼 只
能自害라 豈能害人이리오

事君을 如事親하며 事長官을 如事兄하며 與同
僚를 如家人하며 待羣吏를 如奴僕하며 愛百
姓을 如妻子하며 處官事를 如家事然後에 能
盡吾之心이니 如有毫末不至면 皆吾心에
有所未盡也니라

童蒙訓에 曰 當官之法이 唯有三事니 曰

或이 問簿는 佐令者也니 簿所欲爲를 令或
不從이면 奈何잇고 伊川先生이 曰 當以誠意
動之니라 今令與簿不和는 便是爭私意요
令은 是邑之長이니 若能以事父兄之道로

61

事之過則歸己고하善則唯恐不歸於令이라 積此誠意면豈有不動得人이오

景行錄애云觀朝夕之早晏여하可以卜人家之興替니라

文仲子ㅣ曰婚娶而論財는夷虜之道也ㅣ라

劉安禮ㅣ問臨民대한明道先生이曰使民으로各得輸其情이라하問御吏대한曰正己以格物이니라

治家篇 (가정을 다스리는 길)

司馬溫公이曰凡諸卑幼ㅣ事無大小이毋得專行하고必咨稟於家長이니라

凡使奴僕애先念飢寒이니라

太公이曰痴人은畏婦고하賢女는敬夫니라

子孝雙親樂이오家和萬事成이니라

時時防火發고夜夜備賊來니라

安義篇 (인류의 바른 길)

顏氏家訓애曰夫有人民而後에有夫婦하고有夫婦而後에有父子하고有父子而後에有兄弟하니一家之親은此三者而已矣라 自茲以往으로至于九族히皆本於三親焉故로於人倫에爲重也ㅣ니不可不篤이니라

莊子ㅣ曰兄弟는爲手足하고夫婦는爲衣服이니衣服破時앤更得新이어니와手足斷處앤難可續이니라

蘇東坡ㅣ云富不親兮貧不疎는此是人間大丈夫ㅣ오富則進兮貧則退는此是人

出門如見大賓고하入室如有人이라니

遵禮篇 (예절의 길)

間眞小輩니라

子ㅣ曰居家有禮故로長幼辨하고閨門有禮故로三族和하고朝廷有禮故로官爵序하고田獵有禮故로戎事閑하고軍旅有禮故로武功成이니라

曾子ㅣ曰朝廷앤莫如爵이오鄕黨앤莫如齒오輔世長民앤莫如德이니라

老少長幼는天分秩序ㅣ니不可悖理而傷道也ㅣ니라

子ㅣ曰君子ㅣ有勇而無禮면爲亂고하小人이有勇而無禮면爲盜ㅣ니라

言語篇 (바른 언어 생활)

若要人重我인댄 無過我重人이니라

劉會-日言不中理면 不如不言이니라

一言不中이면 千語無用이니라

君平이 日口舌者는 禍患之門이요 滅身之斧也니라

利人之言은 煖如綿絮하고 傷人之語는 利如荊棘하여 一言半句-重值千金이요 一語傷人에 痛如刀割이니라

口是傷人斧요 言是割舌刀니 閉口深藏舌이면 安身處處牢니라

逢人且說三分話하되 未可全抛一片心이니 不怕虎生三個口요 只恐人情兩樣心이니라

酒逢知己千鍾少요 話不投機一句多니라

交友篇 (벗을 사귀는 길)

子-日與善人居에 如入芝蘭之室하여 久而不聞其香이라도 即與之化矣요 與不善人居에 如入鮑魚之肆하여 久而不聞其臭라도 亦與之化矣니 丹之所藏者는 赤하고 漆之所藏者는 黑이라 是以로 君子는 必愼其所與處者焉이니라

益智書에 云 女有四德之譽하니 一日婦德이요 二日婦容이요 三日婦言이요 四日婦工也니라

君子之交는 淡如水하고 小人之交는 甘若醴니라

婦行篇 (참다운 여성의 역할)

婦德者는 不必才名絶異요 婦容者는 不必顔色美麗요 婦言者는 不必辯口利詞요 婦工者는 不必技巧過人也니라

其婦德者는 清貞廉節하여 守分整齊하고 行止有恥하여 動靜有法이니 此爲婦德也요 婦容者는 洗浣塵垢하여 衣服鮮潔하며 沐浴及時하여 一身無穢니 此爲婦容也요 婦言者는...

子-日晏平仲은 善與人交로다 久而敬之온여

相識이 滿天下하되 知心能幾人인고

酒食兄弟는 千個有로되 急難之朋은 一個無니라

不結子花는 休要種이요 無義之朋은 不可交라니

擇師而說이요 不談非禮하고 時然後言하여 人不厭其言이니 此爲婦言也요 婦工者는 專勤紡績하고 勿好暈酒며 供具甘旨하여 以奉...

三綱 (삼강)

父爲子綱 (부위자강)
君爲臣綱 (군위신강)
夫爲婦綱 (부위부강)

아들은 아버지를 섬기는 근본이고,
신하는 임금을 섬기는 근본이고,
아내는 남편을 섬기는 근본이다.

賢婦는 和六親하고 侫婦는 破六親이니라

어질고 어진 아내가 있으면 육친을 화목하게 하고 아첨하는 부인은 육친의 화목을 깨뜨리느니라.

家有賢妻면 夫不遭橫禍라니

집에 어진 아내가 있으면 남편이 나쁜 화를 당하지 않느니라.

賢婦는 令夫貴요 惡婦는 令夫賤이라

어진 부인은 남편을 귀하게 하고 악한 부인은 남편을 천하게 하느니라.

太公이 曰婦人之禮는 語必細니라

태공이 말하기를 부인의 예절은 반드시 곱고 가늘어야 하느니라.

此四德者는 是婦人之所不可缺者라 爲之甚易고하 務之在正니하 依此而行면이 是爲婦節이니라

이 네가지 덕은 부인으로서는 가히 있어서는 안될 절대 필요한 것이니 이를 행하기에 대단히 쉽고 힘씀이 바른데 있으니 이를 의지하여 행하면 이것이 부인으로서 행하는 길이 되나니라.

賓客이 此爲婦工也니라

그 부덕이란 것은 곧고 정조를 깨끗이하고 절개를 곧게 지켜서 분수를 지키며 몸가짐을 고르고 한결같이 하는 것이니 부덕이 되고 부용이라는 것은 집안을 깨끗이하고 빨래를 자주하여 의복을 깨끗하게 하며 목욕을 때로하여 몸에 더러움이 없게 하는 것이 이것이 부용이 되고 부언이라는 것은 본받을 만한 말을 가려서 말하며 예가 아닌 말은 하지 말고 마땅할 때에 말을 하여 사람이 그 말을 싫어하지 아니함이니 이것이 부언이 되고 부공이라는 것은 오로지 좋은 음식을 갖추어서 손님을 받듦이니 이것이 부공이 되나니라.

五倫 (오륜)

父子有親 (부자유친) 아버지와 아들은 친함이 있어야 하며,
君臣有義 (군신유의) 임금과 신하는 의가 있어야 하고,
夫婦有別 (부부유별) 남편과 아내는 분별이 있어야 하며,
長幼有序 (장유유서) 어른과 어린이는 차례가 있어야 하고,
朋友有信 (붕우유신) 벗과 벗은 믿음이 있어야 한다.

朱子十悔 (주자십회)

不孝父母死後悔 (불효부모사후회) 부모에게 효도하지 않으면 죽은 뒤에 뉘우친다.
不親家族疎後悔 (불친가족소후회) 가족에게 친절치 않으면 멀어진 뒤에 뉘우친다.
少不勤學老後悔 (소불근학노후회) 젊을 때 부지런히 배우지 않으면 늙어서 뉘우친다.
安不思難敗後悔 (안불사난패후회) 편할 때 어려움을 생각지 않으면 실패한 뒤에 뉘우친다.
富不儉用貧後悔 (부불검용빈후회) 편할 때 아껴쓰지 않으면 가난한 후에 뉘우친다.
春不耕種秋後悔 (춘불경종추후회) 봄에 종자를 갈지 않으면 가을에 뉘우친다.
不治垣墻盜後悔 (불치원장도후회) 담장을 고치지 않으면 도적맞은 후에 뉘우친다.
色不謹愼病後悔 (색불근신병후회) 여색을 삼가지 않으면 병든 후에 뉘우친다.
醉中妄言醒後悔 (취중망언성후회) 술취할 때 망언된 말은 술깬 뒤에 뉘우친다.
不接賓客去後悔 (불접빈객거후회) 손님을 접대하지 않으면 간 뒤에 뉘우친다.

四字小學 (사자소학)

사자소학(四字小學)은, 모든 글귀를 넉 자로 맞춘, 서당에서 공부할 때 맨 처음 읽던 교과서와 같은 책이다. 어린이들의 가정교육의 근본을 가르치는 내용으로 초학입덕지문서(初學入德之門書) 이다.

父生我身 (부생아신) 아버지께서 내 몸을 낳게 하시고

母鞠吾身 (모국오신) 어머니께서 내 몸을 기르셨다.

腹以懷我 (복이회아) 배로서 나를 품으셨고,

乳以補我 (유이보아) 젖으로써 나를 먹이셨고,

以衣溫我 (이의온아) 옷으로써 나를 따뜻이 했고,

以食活我 (이식활아) 음식으로써 나를 키우셨다.

恩高如天 (은고여천) 은혜가 높기는 하늘과 같고,

德厚似地 (덕후사지) 덕이 두텁기는 땅과 같으니,

爲人子者 (위인자자) 사람의 자식된 자로서

曷不爲孝 (갈불위효) 어찌 효도를 다하지 않겠는가.

欲報深恩 (욕보심은) 깊은 은혜를 갚고자 한다면

昊天罔極 (호천망극) 하늘처럼 다할 수 없다.

父母呼我 (부모호아) 부모께서 나를 부르시면

唯而趨之 (유이추지) 곧 대답하고 달려갈 것이며,

父母之命 (부모지명) 부모의 명령은

勿逆勿怠 (물역물태) 거역하지 말고 게을리도 하지 말라.

侍坐親前 (시좌친전) 어버이 앞에 모시고 앉을 때는 몸을 바르게 하고,

勿踞勿臥 (물거물와) 걸터앉지 말고 눕지도 말라.

對案不食 (대안불식) 밥상을 대하고 먹지 않는 것은

思得良饌 (사득양찬) 좋은 반찬을 생각하는 것이다.

父母有病 (부모유병) 부모께 병환이 있으시거든

憂而謀療 (우이모료) 근심하며 치료할 것을 꾀할 것이고,

裹糧以送 (과량이송) 양식을 싸서 보내 주시면

勿懶讀書 (물라독서) 독서하기를 게을리 하지 말라.

父母唾痰 (부모타담) 부모님의 침이나 가래는

每必覆之 (매필부지) 반드시 매번 덮어야 하며,

若告西適 (약고서적) 서쪽으로 간다고 말씀드리고

不復東性 (불복동성) 동쪽으로 가지는 말라.

出必告之 (출필고지) 밖으로 나갈 때에는 반드시 고하고,

返必拜謁 (반필배알) 돌아와서는 반드시 뵙고,

立則視足 (입즉시족) 서서는 반드시 발을 보고,

坐則視膝 (좌즉시슬) 앉아서는 반드시 무릎을 보라.

昏必定褥 (혼필정욕) 저녁에는 반드시 자리를 정하고,

晨必省候 (신필성후) 새벽에는 반드시 안후를 살피라.

父母愛之 (부모애지) 부모께서 나를 사랑하시거든

喜而勿忘 (희이물망) 기뻐하며 잊지 말고,

父母惡之 (부모오지) 부모께서 나를 미워하시더라도

懼而無怨 (구이무원) 두려워할 뿐 원망하지 말아라.

行勿慢步 (행물만보) 걸음을 거만하게 걷지 말고,

坐勿倚身 (좌물의신) 앉을 때에는 몸을 기대지 말고,

勿立門中 (물립문중) 문 가운데에는 서지 말고,

勿坐房中 (물좌방중) 방 한가운데에는 앉지 말라.

鷄鳴而起 (계명이기) 닭이 우는 새벽에 일어나서

必盥必漱 (필관필수) 반드시 세수하고 양치할 것이며,

言語必愼 (언어필신) 말은 반드시 삼가하여 하고,

居處必恭 (거처필공) 거처는 반드시 공손하게 하라.

始習文字 (시습문자) 비로소 글자를 배우게 되거든

字劃楷正 (자획해정) 글자의 자획을 바르게 하라.

父母之年 (부모지년) 부모님의 나이는

不可不知 (불가부지) 알지 않으면 안 되며,

飮食雅惡 (음식아악) 음식이 비록 나쁘더라도

與之必食 (여지필식) 주시면 반드시 먹어야 하고,

衣服雅惡 (의복아악) 의복이 비록 나쁘더라도

與之必着 (여지필착) 주시면 반드시 입어라.

衣服帶鞋 (의복대혜) 의복과 혁대와 신발은

勿失勿裂 (물실물열) 잃어버리지도 말고 찢지도 말 것이며,

寒不敢襲 (한불감습) 춥다고 하여서 감히 옷을 껴입지 말고,

署勿寒裳 (서물한상) 덥다고 하여서 치마를 걷지 말라.

夏則扇枕 (하즉선침) 여름에는 부모님께서 배개 베신 데를
부채질하여 드리고

冬則溫被 (동즉온피) 겨울에는 이불을 따뜻하게 하여 드려라.

侍坐親側 (시좌친측) 어버이 곁에 모시고 앉을 때에는

進退必恭 (진퇴필공) 나아가고 물러감을 반드시 공손히 하고,

膝前勿坐 (슬전물좌) 어른 무릎 앞에 앉지 말며,

親面勿仰 (친면물앙) 어버이 얼굴을 똑바로 쳐다보지 말아라.

父母臥命 (부모와명) 부모님이 누워서 말씀하시면

僕首聽之 (복수청지) 머리를 숙이고 들을 것이고,

居處靖靜 (거처정정) 거처하는 평안하고 고요히 하고,

飽食暖衣 (포식난의) 배불리 먹고 따뜻이 입고,

步復安詳 (보복안상) 걸음을 편안하고 자세히 하라,

逸居無敎 (일거무교) 편히 살면서 자식을 가르치지 않으면,

即近禽獸 (즉근금수) 금수와 다를 바 없으니,

聖人憂之 (성인우지) 성인은 이것을 걱정하시니라.

愛親敬兄 (애친경형) 어버이를 사랑하고 형을 공경함은

良知良能 (양지양능) 양지양능이니라.

口勿雜談 (구물잡담) 입으로 잡담을 하지 말며,

手勿雜戱 (수물잡희) 손으로는 잡된 장난을 하지 말라.

寢則連今 (침즉연금) 잠자리에서는 이불을 나란히 하여 자고,

食則同案 (식즉동안) 먹을 때에는 밥상을 함께 하라.

借人典籍 (차인전적) 남의 책을 빌렸을 때에는

勿毁必完 (물훼필완) 헐지 말고, 반드시 빌린 대로 완전하게
해야 한다.

兄無衣服 (형무의복) 형에게 옷이 없으면

弟必獻之 (제필헌지) 동생은 반드시 형에게 드려야 하고,

弟無飮食 (제무음식) 동생이 먹을 것이 없으면

兄必與之 (형필여지) 형은 마땅히 동생에게 주어야 한다.

兄飢弟飽 (형기제포) 형이 배고픈데 동생만 배부르다면

禽獸之遂 (금수지수) 금수나 할 것이라.

兄弟之情 (형제지정) 형제간의 정은

友愛而已 (우애이기) 서로 우애하는 것이다.

飮食親前 (음식친전) 어버이 앞에서 음식을 먹을 때에는

勿出器聲 (물출기성) 그릇 부딪치는 소리를 내지 말라.

居必擇隣 (거필택린) 거처는 반드시 이웃을 가려 하고,

就必有德 (취필유덕) 나아감에는 덕 있는 이에게 가라.

父母衣服 (부모의복) 부모님의 옷은

勿踰勿踐 (물유물천) 넘지도 말고 밟지도 말라.

書机書硯 (서궤서연) 책상과 벼루는

自隨其面 (자경기면) 그 바닥을 정면으로부터 하라.

勿與人鬪 (물여인투) 남과 더불어 싸우지 말 것이니,

父母憂之 (부모우지) 부모께서 이것을 근심하니라.

出入門戶 (출입문호) 문을 출입할 때에는

開閉必恭 (개폐필공) 열고 닫는 것을 반드시 공손히 하라.

紙筆硯墨 (지필연묵) 종이와 붓과 벼루와 먹은

文房四友 (문방사우) 문방의 네 벗이다.

書耕夜讀 (주경야독) 낮에는 밭을 갈고, 밤에는 글을 읽고,

夏禮春詩 (하례춘시) 여름에는 예를 익히고 봄에는 시를 배운다.

言行相違 (언행상위) 말과 행실이 서로 다르면

辱及于先 (욕급우선) 욕이 선영에 미치고,

行不如言 (행불여언) 행실이 말과 다르면

辱及于身 (욕급우신) 욕이 자신의 몸에 미친다.

事親至孝 (사친지효) 어버이를 섬김에는 효도를 다하고,

養志養體 (양지양체) 뜻을 받들고, 몸을 잘 봉양해야 한다.

雪裡求筍 (설리구순) 눈 속에서 죽순을 구해 온 것은

孟宗之孝 (맹종지효) 맹종의 효도이고,

叩氷得鯉 (고빙득리) 얼음을 깨뜨려서 잉어를 얻은 것은

王祥之孝 (왕상지효) 왕상의 효도다.

晨必先起 (신필선기) 새벽에는 반드시 부모님보다 먼저 일어나고,

暮須後寢 (모수후침) 저녁에는 모름지기 부모님보다 늦게 자야 한다.

冬溫夏淸 (동온하청) 겨울에는 따뜻하게, 여름에는 서늘하게 해 드리고,

昏定晨省 (혼정신성) 저녁에는 자리를 펴 드리고, 새벽에는 안후를 살펴야 한다.

出不易方 (출불역방) 밖으로 나가서는 가는 곳을 바꾸지 말고

游必有方 (유필유방) 나가서 놀 때에는 노는 곳이 분명해야 한다.

身體髮膚 (신체발부) 신체와 머리카락과 살갗은

受之父母 (수지부모) 부모로부터 물려 받은 것이니,

不敢毁傷 (불감훼상) 함부로 상하게 하지 않는 것이

孝之始也 (효지시야) 효도의 시작이요,

立身行道 (입신행도) 출세하여 도를 행하고,

揚名後世 (양명후세) 이름을 후세에 남겨서

以顯父母 (이현부모) 부모님의 명성을 세상에 드러냄이

孝之終也 (효지종야) 효도의 마침이다.

言必忠信 (언필충신) 말은, 반드시 진실하게 하며,

行必篤敬 (행필독경) 행실은 반드시 지극히 공손히 하게 하라.

見善從之 (견선종지) 선을 보거든 그것을 따르고

知過必改 (지과필개) 허물을 알면 반드시 고쳐야 하고,

容貌端莊 (용모단장) 용모는 단정하고 씩씩하게 하고,

衣冠肅整 (의관숙정) 의복과 모자는 엄숙히 정제하고,

作事謀始 (작사모시) 일을 할 때에는 처음을 꾀하고,

出言顧行 (출언고행) 말을 할 때에는 행할 것을 생각할 것이며,

常德固持 (상덕고지) 떳떳한 덕을 굳게 지니고,

然諾重應 (연낙중응) 대답을 할 때에는 신중히 하라.

飮食愼節 (음식신절) 음식을 먹을 때에는 절제하고,

言爲恭順 (언위공순) 말씨는 공손히 하라.

起居坐立 (기거좌립) 일어서고 앉으며, 앉아 있고 서 있는 것이

行動擧止 (행동거지) 바로 행동거지이니라.

禮義廉恥 (예의염치) 예와 의와 염과 치를 지킬 격이니,

是謂四維 (시위사유) 이것을 사유라 한다.

德業相勸 (덕업상권) 덕은 서로 권하고,

過失相規 (과실상규) 허물은 서로 규제하며,

禮俗相交 (예속상교) 예의와 풍속으로 서로 사귀고,

患難相恤 (환난상휼) 환난을 당할 때에는 서로 구휼하라.

父義母慈 (부의모자) 아버지는 의롭고 어머니는 자애롭고,

兄友弟恭 (형우제공) 형은 우애하고 동생은 공손하고,

夫婦有恩 (부부유은) 부부는 은혜로움이 있어야 하고,

男女有別 (남녀유별) 남녀는 분별이 있어야 한다.

貧窮患難 (빈궁환난) 빈궁이나 환난 중에는

親戚相救 (친척상구) 친척끼리 서로 돕고,

婚姻死喪 (혼인사상) 혼인이나 초상이 있을 때에는

隣保相助 (인보상조) 이웃끼리 서로 도와야 한다.

在家從父 (재가종부) 집에 있을 때에는 아버지를 따르고,

適人從夫 (적인종부) 시집 가서는 남편을 따르고,

夫死從子 (부사종자) 남편이 죽은 후에는 자식을 따르는 것,

是謂三從 (시위삼종) 이것이 삼종지도이다.

元亨利貞 (원형이정) 원、형、이、정은

天道之常 (천도지상) 하늘의 떳떳함이요、

仁義禮智 (인의예지) 인、의、예、지는

人性之綱 (인성지강) 인간 성품의 근본이다。

非禮勿視 (비례물시) 예가 아니거든 보지 말고、

非禮勿聽 (비례물청) 예가 아니거든 듣지 말고、

非禮勿言 (비례물언) 예가 아니거든 말하지 말고、

非禮勿動 (비례물동) 예가 아니거든 움직이지 말라。

孔孟之道 (공맹지도) 공자와 맹자의 도와

程朱之學 (정주지학) 정주의 가르침은

正其誼而 (정기의이) 그 의를 바르게 할 뿐이며、

不謀其利 (불모기리) 그 이익을 꾀하지 아니하고、

明其道而 (명기도이) 그 도를 밝게 할 뿐이며、

不計其功 (불계기공) 그 공을 계교하지 아니한다。

終身讓路 (종신양로) 남에게 한평생 길을 양보하더라도

不枉百步 (불왕백보) 백 걸음을 굽히지는 않는 것이요、

終身讓畔 (종신양반) 한평생 밭두을 양보하더라도

不失一段 (부실일단) 일 단보를 잃지는 않을 것이다。

天開於子 (천개어자) 자시에 하늘이 열리고、

地闢於丑 (지벽어축) 축시에 땅이 열리고、

人生於寅 (인생어인) 인시에 사람이 태어나니、

是謂太古 (시위태고) 이 때를 태고라고 한다。

君爲臣綱 (군위신강) 임금은 신하의 근본이 되고、

夫爲婦綱 (부위부강) 남편은 아내의 근본이 되는 것、

是謂三綱 (시위삼강) 이것이 삼강이다。

父子有親 (부자유친) 부모와 자식 사이에는 친함이 있고、

君臣有義 (군신유의) 임금과 신하 사이에는 의가 있고、

夫婦有別 (부부유별) 남편과 아내 사이에는 분별이 있고、

父爲子綱 (부위자강) 아버지는 자식의 근본이 되고、

長幼有序 (장유유서) 어른과 아이 사이에는 차례가 있고、

朋友有信 (붕우유신) 벗과 벗 사이에는 신의가 있는 것、

是謂五倫 (시위오륜) 이것이 오륜이다。

視思必明 (시사필명) 볼 때에는 반드시 밝게 볼 것을 생각하고、

聽思必聰 (청사필총) 들을 때에는 반드시 밝게 들을 것을 생

色思必溫 (색사필온) 낯빛은 반드시 온순하게 할 것을 생각하고、

貌思必恭 (모사필공) 얼굴은 반드시 공손하게 할 것을 생각하고、

言思必忠 (언사필충) 말을 할 때에는 반드시 충직하게 할 것

事思必敬 (사사필경) 일을 계획할 때에는 반드시 삼가할 것을 생각하고、

疑思必問 (의사필문) 의문이 있을 때에는 반드시 물고、

忿思必難 (분사필난) 분노가 일 때에는 더욱 어려워질 것을 생각하고、

見得思義 (견득사의) 이득을 얻었을 때에는 의을 생각하는 것

是謂九思 (시위구사) 이것이 구사이다。

足容必重 (족용필중) 발은 반드시 무겁게 하고、

手容必恭 (수용필공) 손은 반드시 공손이 하고、

目容必端 (목용필단) 눈은 반드시 단정히 하고、

口容必止 (구용필지) 입은 반드시 다물고、

聲容必靜 (성용필정) 음성은 반드시 고요히 하고、

氣容必肅 (기용필숙) 숨 쉬는 모습은 반드시 엄숙히 하고、

頭容必直 (두용필직) 머리는 반드시 곧게 하고、

立容必德 (입용필덕) 서 있는 모습은 반드시 덕 있게 하고、

色容必莊 (색용필장) 얼굴은 반드시 씩씩하게 하는 것、

是謂九容 (시위구용) 이것이 구용이다。

修身齊家 (수신제가) 몸을 닦고 집안을 정제하는 것은、

治國之本 (치국지본) 나라를 다스리는 근본이고,

士農工商 (사농공상) 선비와 농군과 공인과 상인은

國家利用 (국가이용) 나라의 이로움이다.

鰥孤獨寡 (환고독과) 홀아비와 과부와 고아와 자식없는 늙은 이를

謂之四窮 (위지사궁) 사궁이라고 하고,

發政施仁 (발정시인) 정사를 펴고 인을 베풀되,

先施四者 (선시사자) 사궁에게 먼저 베풀어야 한다.

十室之邑 (십실지읍) 열 집 되는 작은 마을에도

必有忠信 (필유충신) 반드시 충성스럽고 신의 있는 사람이 있다.

爲仁之本 (위인지본) 인을 행하는 근본이다.

元是孝者 (원시효자) 본래 효라는 것은

言則信實 (언즉신실) 말은 믿음 있고 참되어야 하고,

行必正直 (행필정직) 행실은 반드시 정직해야 한다.

一粒之穀 (일립지곡) 한 알의 곡식이라도

必分以食 (필분이식) 반드시 서로 나누어 먹어야 하고,

一縷之衣 (일루지의) 한 벌의 옷이라도

必分以衣 (필분이의) 반드시 서로 나누어 입어야 한다.

積善之家 (적선지가) 선을 쌓은 집안에는

必有餘慶 (필유여경) 반드시 더할 경사가 있고,

積惡之家 (적악지가) 악을 쌓은 집안에는

必有餘殃 (필유여앙) 반드시 더할 재앙이 있다.

非我言老 (비아언로) 내 말이 늙은이의 망령이라고 하지 말아라.

惟聖之謨 (유성지모) 다만 성인의 법도 이니,

嗟嗟小子 (차차소자) 슬프다, 아이들아,

敬受比書 (경수차서) 공손한 마음으로 이글을 받아 수업하여라.

勸學文 (권학문)

勿謂今日不學而有來日 (물위금일불학이유내일) 오늘 배우지 않아도 내일이 있다고 이르지 말며,

勿謂今年不學而有來年 (물위금년불학이유내년) 금년에 배우지 않아도 내년이 있다고 이르지 말아라.

日月逝矣歲不我進 (일월서의세불아진) 달과 날은 가고, 세월은 나와 함께 늦어지지 않으니,

嗚呼老矣是誰之愆 (오호노의시수지건) 슬프다, 늙어서 후회한들 이것이 뉘 허물이 겠는가.

少年易老學難成 (소년이로학난성) 소년은 늙기 쉽고, 배움은 이루기 어려우니,

一寸光陰不可輕 (일촌광음불가경) 짧은 시간이라도 가벼이 여기지 마라.

未覺池塘春草夢 (미각지당춘초몽) 연못가에 봄풀이 돋아나는 것을 미처 깨닫지 못했는데,

階前梧葉已秋聲 (계전오엽이추성) 뜰 앞의 오동잎이 벌써 가을 소리를 전하는구나.

69

日+生=星	牛+攵=牧	木+僉=檢
(날일) (날생) (별성) 원자형으로 반짝 반짝 빛나는 별	(소우) (칠복) (기를목) 소를몰다 동물을 기르다. 치다	(나무목) (여러첨) (검사할검) 내용을 검사하면서 토구한
日+乍=昨 (날일) (잠깐사) (어제작) 하루가 잠깐사이에 지나간 어제	木+子=李 (나무목) (아들자) (오얏리) 진귀한 열매가 열리는 나무 성씨	木+林=森 (나무목) (수풀림) (심을삼) 나무가 빽빽히들어선 숲
日+音=暗 (날일) (소리음) (어두울암) 해가져서 어둡고 캄캄하다	木+每=梅 (나무목) (탐낼매) (매화매) 탐낼만큼 꽃이피는, 매화나무	木+直=植 (나무목) (곧을직) (심을식) 나무를 곧게 옮겨심는다
日+央=映 (날일) (가운데앙) (비칠영) 가운데있는 해의 빛을받아 비친다.	木+寸=村 (나무목) (마디촌) (마을촌) 나무 그늘밑에 집을짓고 사는마을,	木+卜=朴 (나무목) (줄복) (순박할박) 나무껍질은 자연그대로 순박
日+月=明 (날일) (달월) (밝을명) 해와 달의 빛이 밝다	木+才=材 (나무목) (바탕재) (재목재) 집을지을때 바탕이 되는 나무, 재목	木+一=末 (나무목) (한일) (끝말) 나무의 끝을 가리킨다. 종말,
玉+求=球 (구슬옥) (구할구) (둥글구) 옥돌을 구하여 둥글게 간옥, 공	木+艮=根 (나무목) (그칠간) (뿌리근) 나무의 잎과 가지를 보전하는 뿌리	土+口=吉 (선비사) (입구) (길할길) 선비의 입으로 하는말은 길하다
田+介=界 (밭전) (끼일개) (지경계) 밭과 밭사이의 경계. 범위	木+主=柱 (나무목) (주인주) (기둥주) 집을 버티게하고 떠받이는 기둥	土+或=域 (흙토) (의심혹) (지경역) 일정한 지역 땅
石+包=砲 (돌석) (쌀포) (대포포) 탄환을 발사하는 대포, 탄알	木+支=枝 (나무목) (갈려나갈지) (가지지) 원나무 줄기에서 갈라져나간다	土+成=城 (흙토) (이룰성) (재성) 국토를 방위해 놓은 성
石+楚=礎 (돌석) (높을초) (주춧돌초) 기둥밑에 괴인돌 주춧돌	木+反=板 (나무목) (뒤집을반) (조각판) 나무를켜서 이리저리 뒤집은 조각	土+勻=均 (흙토) (고를균) (고를균) 흙을 고르게 편다 고르다
石+少=砂 (돌석) (적을소) (모래사) 돌이 잘게부서진 모래	木+公=松 (나무목) (공변공) (솔송) 나무잎이 사철푸른솔, 송림	水+田=畓 (물수) (밭전) (논답) 밭위에 물이있으니 논이다.
石+玆=磁 (돌석) (이자) (자석자) 쇠붙이를 끌어당기는 자석	木+各=格 (나무목) (각각각) (이를격) 일정한 형식에따라 뻗아가는 격식	氵(水)+由=油 (물수) (쓸유) (기름유) 용수같은 것을 짜낸 기름
石+皮=破 (돌석) (가죽피) (깨질파) 돌화면이 풍화작용으로 깨지다	木+木=林 (나무목) (나무목) (수풀림) 나무가 많이 늘어선모양, 수풀	氵(水)+皮=波 (물수) (가죽피) (물결파) 물이 움직이는 파도 물결
牛+寺=特 (소우) (절사) (특별특) 특히 크고 특별하다는 뜻	木+交=校 (나무목) (엇걸교) (학교교) 틀어진나무를 바로잡음.바르게인도함	氵(水)+永=泳 (물수) (길영) (헤엄칠영) 사람이 물위에 떠서 헤엄친다.
牛+勿=物 (소우) (말물) (만물물) 소는 농가에 가지고있는 동물, 물건	木+朱=株 (나무목) (줄기주) (뿌리주) 나무의 바탕을 이루는 뿌리	氵(水)+去=法 (물수) (버릴거) (법법) 죄악을 제거하고 공평한 법

氵(水)＋可＝河	女＋襄＝孃	西＋女＝要
(물수) (옳을가) (물하)	(계집녀) (도울양) (아가시양)	(덮을아) (계집녀) (요할요)
넓고 흐르는 큰강, 황하	아직 미혼인 아가씨라는 뜻	모양을 본든 글자. 중요하다
氵(水)＋台＝治	女＋因＝姻	示＋見＝視
(물수) (기를이) (다스릴치)	(계집녀) (인할인) (혼인할인)	(보일시) (볼견) (볼시)
지도하여 잘다스리고 편안함	요위에 누운모양으로 의지한다	자세하게 본다. 살피다
氵(水)＋몰＝沒	女＋昏＝婚	夫＋見＝規
(물수) (빠질몰) (잠길몰)	(계집녀) (저물혼) (혼인할혼)	(사내부) (볼견) (바를규)
물속으로 빠진다. 침몰한다.	신부가 신랑에집 들어가 혼인한다	규칙 또는 바르다
氵(水)＋酉＝酒	女＋帚＝婦	衣＋甫＝補
(물수) (닭유) (술주)	(계집이) (비추) (아내부)	(옷의) (클보) (도울보)
병에든 물, 액체, 술의 뜻	시집을가면 가정을 돌보며 일한다	옷을 잘기워줌. 돕는자는 뜻
氵(水)＋步＝涉	亻(人)＋專＝傳	列＋衣＝裂
(물수) (걸을보) (건널섭)	(사람인) (오로지전) (전할전)	(벌일열) (옷의) (찢어질열)
걸어서 물을 걷는다는 뜻	멀리서 소식을 전하여 온다는 뜻	천을 벌리어 찢는다는 뜻
氵(水)＋莫＝漠	亻(人)＋象＝像	制＋衣＝製
(물수) (없을막) (사막막)	(사람인) (코끼리상) (모양상)	(지을제) (옷의) (마를제)
물이 없는곳 사막 아득하다	코끼리의 모양이 닮았다. 모양	옷을짓는다. 만들다의 뜻
氵(水)＋同＝洞	亻(人)＋壬＝任	衣＋谷＝裕
(물수) (같을동) (골동)	(사람인) (짊어질임) (맡길임)	(옷의) (골짜기곡) (넉넉할유)
물이 있는곳에 같이사는 동리,	사람이 짐을 짊어지듯, 책임을지다.	크고 넉넉하다 여유있다
氵(水)＋先＝洗	亻(人)＋木＝休	代＋衣＝袋
(물수) (머저선) (씻을세)	(사람인) (나무목) (쉴휴)	(대신할대) (옷의) (지루대)
물로 발을씻고 수세 세탁씻음	사람이 그늘밑에 쉬는모양. 휴식	천으로 옷대신 만든 자루. 옷
女＋子＝好	亻(人)＋建＝健	子＋糸＝孫
(계집녀) (아들자) (좋을호)	(사람인) (세울건) (군셀건)	(아들자) (이을계) (손자손)
여자가 아들을 낳고 좋아한다	몸의 자세를 곧게세움. 군세고,건강	핏줄을 통하여 대를 잇는다. 손자
女＋未＝妹	亻(人)＋吏＝使	言＋寸＝討
(계집녀) (아닐미) (누이매)	(사람인) (관리리) (하여금사)	(말씀언) (마디촌) (칠토)
아직 철이나지않은 계집아이	웃사람이 아랫사람에 일을시킨다	죄인을 법에따라 말로 다스림
女＋台＝始	亻(人)＋共＝供	言＋丁＝訂
(계집녀) (기를이) (비로소시)	(사람인) (한가지공) (이바지할공)	(말씀언) (고무래정) (고칠경)
뱃속에서 기른 아기의 처음 생명체	두손으로 물건을 받들여 올린다	말로지적하여 고친다 .
女＋方＝妨	亻(人)＋竟＝便	言＋十＝計
(계집녀) (모방) (방해할방)	(사람인) (고칠경) (편할편)	(말씀언) (열십) (십계)
여자가 모나게 떠들면 일에방해된다	불편한것을 고쳐 편안하도록함	말로헤아린다 셈하다
女＋市＝姉	亻(人)＋呆＝保	言＋殳＝設
(계집녀) (저자시) (맏누이자)	(사람인) (어리석을매) (맡을보)	(말씀언) (칠수) (베풀설)
다자란 손누이를 말한다	힘없는 아이를 어른이 돌본다	작업을 말로 뒷받침. 베풀다
女＋少＝妙	亻(人)＋賞＝償	言＋忍＝認
(계집녀) (젊을소) (묘할묘)	(사람인) (줄상) (갚을상)	(말씀언) (참을인) (알인)
젊은 여자는 묘하고 예쁘다	일에공로가 많은 사람에 상을 준다	마음의 고통을 찾아낸다

金+童=鐘 (쇠금) (아이동) (쇠북종) 쇠로 만들어 치는 종	馬+睪=驛 (말마) (엿볼역) (역말역) 기차가 쉬는 역 정거장	糸+扁=編 (실사) (작을편) (책편) 엮어서 만듬 고쳐엮음 책
金+十=針 (쇠금) (열십) (바늘침) 쇠로된 바늘을 뜻한다. 또는 침	示+且=祖 (보일시) (많을저) (할아버지조) 제사지내는 대상인 조상, 시조	糸+冬=終 (실사) (겨울동) (마칠종) 마지막 끝내다. 최, 종
金+充=銃 (쇠금) (채울충) (총총) 쇠로만든 총 총구멍의 뜻	林+示=禁 (수풀림) (보일시) (금할금) 함부로 다치지 못함 금지하다.	糸+吉=結 (실사) (길할길) (맺을결) 실로 맺는다. 관계을 맺음
金+岡=鋼 (쇠금) (산등성이강) (강철강) 꾸불 꾸불하고 강한 쇠붙이	米+分=粉 (쌀미) (나눌분) (가루분) 쌀을 잘게나누어 부순, 가루	糸+泉=線 (실사) (샘천) (줄선) 길게 이루어진 선. 줄친선
金+竟=鏡 (쇠금) (다할경) (거울경) 금속을 닦아 광채를 내는 거울	禾+火=秋 (벼화) (불화) (가을추) 곡식을 태양에 익히고 거두어들임	糸+責=績 (실사) (맏을책) (길쌈적) 천은 많은실이 겹쳐된다. 쌓다
阝+揚=陽 (언덕부) (볕양) (볕양) 햇볕이 잘쪼이는 양지쪽	禾+少=秒 (벼화) (적을소) (초침초) 가장 짧은시간의 초, 벼끝	糸+內=納 (실사) (들일납) (받을납) 실이물을 빨아들인다. 납입, 세금
阝+降=降 (언덕부) (내릴강) (내닐강) 위에서 아래로 내려온다	禾+斗=科 (벼화) (말두) (과정과) 곡식이나 학문을 구별지은 과목	黑+占=點 (검을흑) (역룩점) (점점) 먹이튀어 얼룩지다 점찍다
阝+付=附 (언덕부) (붙일부) (붙일부) 모양에 더붙인다는 뜻	禾+重=種 (벼화) (무거울중) (씨종) 농사짓는데 중요한 씨앗	工+力=功 (장인공) (힘력) (공공) 힘껏일하여 얻은 결과
阝+方=防 (언덕부) (방위방) (막을방) 홍수를 막아서 방지한다	禾+多=移 (벼화) (많을다) (옮길이) 못자리벼를 옮겨심는다. 이전	尹+口=君 (다스릴윤) (입구) (임금군) 백성을 다스리다 임금의 뜻
丁+頁=頂 (고무래정) (머리혈) (이마정) 머리위 정수리. 꼭대기	禾+責=積 (벼화) (많을책) (쌓을적) 물건을 모아서 쌓아 둔다.	云+鬼=魂 (이를운) (귀신귀) (넋혼) 죽은 사람의 넋을 말한 혼
矛+頁=預 (줄여) (머리혈) (미리예) 참예하다, 미리주다, 예금	糸+勺=約 (실사) (작을작) (맺을약) 맺는다 약속하다 실로 맺다	力+口=加 (힘력) (입구) (더할가) 돕는다 더하다
豆+頁=頭 (콩두) (머리혈) (머리두) 사람의 머리 두뇌	糸+氏=紙 (실사) (성씨) (종이지) 헝겁조각 따위로 만든 종이	重+力=動 (무거울중) (힘력) (움직일동) 무거운것을 움직인다
革+化=靴 (가죽혁) (될화) (신화) 가죽으로 만든 신, 구두	糸+且=組 (실사) (많을저) (짤조) 실을 합쳐 천을 짜냄	門+各=閣 (문문) (각각각) (누각각) 큰문 출입구 또는 누각
食+反=飯 (밥식) (돌아올반) (밥반) 밥을 먹는다. 먹여기른다	糸+己=紀 (실사) (몸기) (기록할기) 헝크러지지않고 기록함. 솝관, 규율	奚+鳥=鷄 (큰배해) (새조) (닭계) 유달리 배가 큰 닭의 뜻

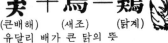

言+己=記	言+靑=請	車+俞=輸
(말씀언) (몸기) (적을기)	(말씀언) (푸를청) (청할청)	(수레차) (대답유) (보낼수)
말을 글로 기록한다. 적다	부탁하다. 청하다. 신고처구함	물건을 차에싫어 보냄
言+公=訟	言+炎=談	車+侖=輪
(말씀언) (바를공) (송사송)	(말씀언) (불꽃염) (말씀담)	(수레차) (뭉치뭰) (바퀴뮨)
말로공평하게 판가름한다.	화루가에 앉아서 이야기하다	수레바퀴가 빙빙돈다
言+式=試	言+若=諾	車+交=較
(말씀언) (법식) (시험할시)	(말씀언) (젊을약) (대답할낙)	(수레차) (사귈교) (비교한교)
방식에의하여 물어보라. 시험	부탁을 들어준다. 허락하다	견준다 비교하다
言+方=訪	言+賣=讀	車+巠=輕
(말씀언) (방위방) (찾을방)	(말씀언) (팔매) (읽을독)	(수레차) (줄기경) (가벼울경)
방법을 물어 찾아본다	소리내어 책을 읽은다	수레가 가볍다는 뜻
言+成=誠	言+登=證	非+車=輩
(말씀언) (이룰성) (정성성)	(말씀언) (오를등) (증언증)	(아닐비) (수레차) (무리배)
정성껏 성심껏	사실대로 증언 증거의 뜻 뜻	힘들다 너무 무리하다
言+志=誌	言+兌=說	貝+戔=賤
(말씀언) (뜻지) (기록할지)	(말씀언) (기꺼울태) (말할설)	(자개패) (상할잔) (천할천)
직무상의 책을 기록함	기뻐하고 말을 설명하다	상한물품은 천하다. 흔하다
言+舌=話	言+果=課	車+專=轉
(말씀언) (혀설) (말씀화)	(말씀언) (결과과) (구실과)	(수레차) (오르지전) (구를전)
서로 마주보며 하는 이야기	공부한 결과, 시험, 학과	굴러간다. 옮긴다 뜻
言+寺=詩	言+吾=語	門+木=閑
(말씀언) (관청시) (글시)	(말씀언) (나오) (말씀어)	(문문) (나무목) (한가할한)
글로 표현한 시	자기의 의견을 나타내는 말	한가하다 여유가있다
言+午=許	貝+反=販	門+日=間
(말씀언) (낮오) (허락할허)	(자개패) (돌릴반) (팔판)	(문문) (날일) (사이간)
엇갈린 견해가 풀어져 허락함	물건을 팔다. 장사하다	문 틈을 가리켜 문사이
言+川=訓	貝+才=財	里+予=野
(말씀언) (내천), (가르칠훈)	(자개패) (재주재) (재물재)	(마을리) (줄여) (들야)
유창한 말로 가르치다	재물 또는 보배를 뜻한다	논과 밭이있는 들의 뜻
言+襄=讓	貝+宁=貯	走+己=起
(말씀언) (도울양) (사양양)	(자개패) (멈출저) (쌓을저)	(달릴주) (몸기) (일어날기)
도움을 안받고 사양하다	물건을 쌓다 저장하다	달려려고 일어나다
言+某=謀	加+貝=賀	藋+見=觀
(말씀언) (아무모) (꾀모)	(더할가) (자개패) (위로할하)	(황새관) (볼견) (볼관)
아무도 모르게 꾀 하다	기쁨의뜻을보내며, 축하함	황새가 적을막으려고 쳐다본다
言+義=議	化+貝=貨	金+帛=錦
(말씀언) (옳의의) (말할의)	(될화) (자개패) (화물화)	(쇠금) (비단백) (비단금)
옳은 일을 상의하다 토의하다	물건을 운반할때. 화물	금 빛같이 고운비단을 뜻한 글자
敬+言=警	代+貝=貸	金+銀=銀
(공경경) (말씀언) (깨우칠경)	(대신대) (자개패) (줄대)	(쇠금) (한정할간) (은은)
공경하는 마음으로 깨우쳐준다	돈을 꾸어쓰다. 빌리여줌	흰 빛을 내는 쇠붙이의 . 은

잘못읽기 쉬운 漢字一覽

※ 用語에 따라 發音이 변하는 漢字語

○	×		○	×
개괄(槪括)	개활	【ㄱ】	개전(改悛)	개준
개척(開拓)	개탁		결핍(缺乏)	결지
경장(更張)	갱장		경첩(驚蟄)	경칩
고답(高踏)	고도		고도(高蹈)	고답
골격(骨骼)	골각		골몰(汨沒)	일몰
공고(鞏固)	혁고		과시(誇示)	고시
관대(款待)	환대		괄목(刮目)	활목
광구(匡救)	궁구		괴수(魁首)	귀수
교란(攪亂)	각란		교쾌(狡獪)	교회
구내(構內)	강내		구두(句讀)	구독
구화(媾和)	강화		균렬(龜裂)	구열
규명(糾明)	구명		긍지(矜持)	금지
기반(羈絆)	마반		긴긴(喫緊)	계긴
나병(癩病)	뢰병	【ㄴ】	낙인(烙印)	각인
난삽(難澁)	난지		날인(捺印)	나인
남상(濫觴)	남장		눌변(訥辯)	네변
늑막(肋膜)	능망			
담구(撞球)	동구	【ㄷ】	도습(踏襲)	답습
도전(挑戰)	조전		두절(杜絕)	투절
만강(滿腔)	만공	【ㅁ】	매도(罵倒)	마도
맥진(驀進)	마진		맹서(盟誓)	맹세
무론(毋論)	모론		무인(拇印)	모인
박살(撲殺)	복살	【ㅂ】	반포(頒布)	번포
발발(勃發)	볼발		발췌(拔萃)	발졸
방조(幇助)	봉조		뱅어(白魚)	백어
법칙(法則)	법측		병참(兵粘)	병탐
병탐(併吞)	병탄		봉함(封緘)	봉감
부루(堡壘)	보류		분만(分娩)	분면
불선(不尠)	불심		붕우(朋友)	붕우
빈축(嚬蹙)	빈척			
사주(使嗾)	사촉	【ㅅ】	살수(撒水)	산수
삼엄(森嚴)	심엄		상쇄(相殺)	상살
생략(省略)	성략		세객(說客)	설객
세척(洗滌)	세조		소급(遡及)	삭급
수면(睡眠)	수민		수수(袖手)	추수
수집(蒐集)	귀집		숙변(熟卞)	숙하
시사(示唆)	시준		시체(屍體)	사체
신속(迅速)	진속			

연약(軟弱)난약	【ㅇ】 염치(廉恥)염체	전거(轉車)전차	【ㅈ】 작작(綽綽)타탁
영어(囹圄)영오	오뉴(五六)오록	잠언(箴言)함언	애물(礙物)의물
외설(猥褻)외집	오열(嗚咽)오인	정밀(靜謐)정필	조잡(粗雜)소잡
오한(惡寒)악한	요새(要塞)요색	조예(造詣)조지	좌우(左右)자우
용훼(容喙)용탁	위수(衛戍)위술	주둔(駐屯)주돈	주물(鑄物)수물
원수(元帥)원사	유세(游說)유설	준동(蠢動)춘동	준설(浚渫)준첩
유월(六月)육월	음미(吟味)근미	중추(中樞)중구	즉시(即時)직시
응결(凝結)의결	의곡(歪曲)부곡	지탱(支撑)지탱	진지(眞摯)진진
의사(縊死)익사	의연(義捐)의손	집요(執拗)집유	징역(懲役)증역
이재(罹災)나재	이완(弛緩)치완	척결(剔抉)역결	【ㅊ】 척살(刺殺)자살
익사(溺死)약사	인멸(煙滅)연멸	천단(擅斷)단단	천식(喘息)단식
인쇄(印刷)인쇄	일체(一切)일절	첩경(捷徑)처경	첩부(貼付)첩부
잉용(仍用)내용		초췌(憔悴)초취	최복(衰服)쇠복
		최촉(催促)재촉	촬영(撮影)최영
		췌언(贅言)취언	치정(痴情)지정
		탄로(綻露)정로	【ㅌ】 탄핵(彈劾)탄해
		터득(攄得)여득	투안(偸安)유안
		투항(投降)투강	틈입(闖入)침입
		파업(罷業)능업	【ㅍ】 판무(辨務)변무
		패배(敗北)패북	패연(沛然)시연
		편집(編輯)편즙	포로(捕虜)포로
		포상(褒賞)보상	표지(標識)표식
		할인(割引)활인	【ㅎ】 합천(陜川)협천
		항문(肛門)홍문	향락(享樂)형락
		현란(絢爛)순란	현훈(眩暈)현운
		형설(螢雪)영설	호시(嚆矢)고시
		확장(擴張)곽장	활주(滑走)골주
		황홀(恍惚)광홀	회뢰(賄賂)회로
		획득(獲得)확득	후각(嗅覺)취각

部首圖解法

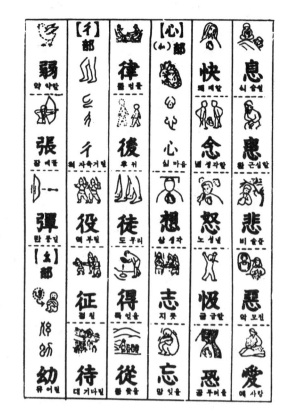

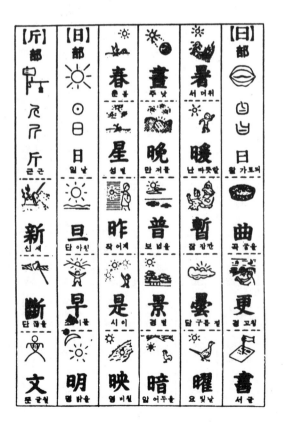

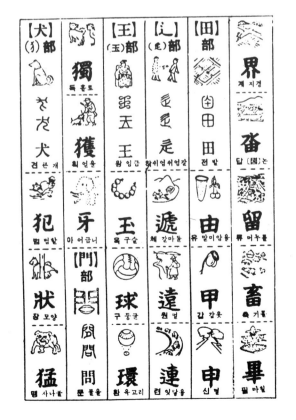

＊문교부 선정 漢字 1,800字

가 家(집 가) 佳(아름다울 가) 架(시렁 가) 可(옳을 가) 價(값 가) 假(거짓 가) 街(거리 가) 加(더할 가) 歌(노래 가) 暇(겨를 가)
각 閣(누각 각) 脚(발 각) 覺(깨달을 각) 却(물리칠 각) 各(각각 각) 角(뿔 각) 刻(새길 각)
간 干(방패 간) 看(볼 간) 間(사이 간) 簡(간략할 간) 懇(간절할 간) 肝(간 간) 刊(깍을 간) 姦(간음할 간) 幹(줄기 간)
갈 渴(목마를 갈)
감 感(느낄 감) 監(볼 감) 甘(달 감) 減(덜 감) 敢(감히 감) 鑑(거울 감)
갑 甲(갑옷 갑)
강 降(내릴 강) 剛(굳셀 강) 江(강 강) 講(익힐 강) 綱(벼리 강) 康(튼튼할 강) 鋼(강철 강) 強(강할 강)
개 開(열 개) 慨(슬퍼할 개) 皆(다 개) 蓋(덮을 개) 介(끼일 개) 概(대개 개) 改(고칠 개) 個(낱 개)
객 客(손 객)
갱 更(다시 갱)
거 巨(클 거) 拒(막을 거) 居(살 거) 去(갈 거) 擧(들 거) 車(수레 거) 距(떨어질 거) 據(의거할 거)
건 建(세울 건) 乾(하늘 건) 健(굳셀 건) 件(사건 건)
걸 傑(뛰어날 걸)
검 檢(검사할 검) 劍(칼 검) 儉(검소할 검)
게 憩(쉴 게)
격 擊(칠 격) 激(심할 격) 格(격식 격)
견 犬(개 견) 絹(비단 견) 遣(보낼 견) 堅(굳을 견) 見(볼 견)
결 決(정할 결) 結(맺을 결) 潔(깨끗할 결) 缺(이지러질 결)
경 京(서울 경) 卿(벼슬 경) 經(경서 경) 敬(공경할 경) 硬(굳을 경) 傾(기울 경) 驚(놀랄 경) 警(경계할 경) 徑(지름길 경) 鏡(거울 경) 庚(별 경) 頃(잠간 경) 慶(경사 경) 輕(가벼울 경) 競(다툴 경) 境(지경 경) 耕(밭갈 경)
계 系(이을 계) 界(지경 계) 計(셈할 계) 癸(천간 계) 繼(이을 계) 械(기계 계) 戒(경계할 계) 鷄(닭 계) 桂(계수나무 계) 契(맺을 계) 階(섬돌 계) 溪(시내 계) 係(걸릴 계) 季(철 계)
고 古(예 고) 告(알릴 고) 故(연고 고) 鼓(북 고) 枯(마를 고) 庫(곳집 고) 姑(시어미 고) 高(높을 고) 孤(외로울 고) 固(굳을 고) 稿(볏짚 고) 苦(괴로울 고) 顧(돌아볼 고) 考(상고할 고)
곡 曲(굽을 곡) 谷(골 곡) 哭(울 곡) 穀(곡식 곡)
곤 困(곤할 곤) 坤(땅 곤)
골 骨(뼈 골)
공 工(장인 공) 空(빌 공) 功(공 공) 孔(구멍 공) 貢(바칠 공) 攻(칠 공) 公(공변될 공) 恭(공손할 공) 共(함께 공) 恐(두려울 공) 供(이바지 공)
과 瓜(오이 과) 戈(창 과) 誇(자랑할 과) 科(과목 과) 課(부과할 과) 寡(적을 과) 過(지날 과) 果(과실 과)
곽 郭(외성 곽)
관 官(벼슬 관) 貫(꿸 관) 管(대롱 관) 冠(갓 관) 寬(너그러울 관) 觀(볼 관) 關(빗장 관) 慣(익숙할 관) 館(집 관)
광 光(빛 광) 鑛(쇠돌 광) 廣(넓을 광)
괘 掛(걸 괘)
괴 壞(무너질 괴) 怪(괴이할 괴) 愧(부끄러울 괴) 塊(덩어리 괴)
교 交(사귈 교) 郊(들 교) 巧(공교할 교) 橋(다리 교) 較(견줄 교) 矯(바로잡을 교) 敎(가르칠 교) 校(학교 교)
구 狗(개 구) 口(입 구) 九(아홉 구) 丘(언덕 구) 久(오랠 구) 舊(옛 구) 鷗(갈매기 구) 構(얽을 구) 俱(함께 구) 苟(진실로 구) 具(갖출 구) 求(구할 구) 懼(두려워할 구) 究(궁구할 구) 救(구원할 구) 句(글귀 구) 驅(몰 구) 區(구역 구) 拘(구검할 구) 龜(거북 구) 球(구슬 구)
국 國(나라 국) 菊(국화 국) 局(판 국)
겸 兼(겸할 겸) 謙(겸손할 겸)
군 君(임금 군) 群(무리 군) 軍(군사 군) 郡(고을 군)
굴 屈(굽을 굴)
궁 宮(집 궁) 弓(활 궁) 窮(궁할 궁)

권 — 券(문서) 勸(권할) 拳(주먹) 權(권세)
궐 — 厥(그)
귀 — 鬼(귀신) 貴(귀할) 歸(돌아올)
규 — 叫(부르짖을) 規(법) 均(고를) 菌(버섯)
극 — 極(지극할) 劇(연극) 克(이길)
근 — 斤(근) 勤(부지런할) 僅(겨우) 謹(삼갈) 近(가까울) 根(뿌리)
금 — 金(쇠) 錦(비단) 琴(거문고) 禽(날짐승) 禁(금할)
급 — 今(이제) 及(미칠) 急(급할) 給(줄) 級(등급)
긍 — 肯(즐길)
기 — 己(몸) 機(기계) 氣(기운) 祈(빌) 其(그) 基(터) 寄(부칠) 期(기약할) 技(재주) 奇(기이할) 企(꾀할) 豈(어찌) 騎(말탈) 器(그릇) 棄(버릴) 紀(기) 旗(기) 飢(주릴) 起(일어날) 忌(꺼릴) 幾(몇) 欺(속일) 記(적을)
긴 — 緊(긴요할)
길 — 吉(길할)
나 — 那(어찌)
낙 — 諾(대답할)
난 — 難(어려울)
남 — 暖(따뜻할) 男(사내) 南(남녁)
납 — 納(들일)
낭 — 娘(각시)
내 — 乃(이에) 內(안) 奈(어찌) 耐(견딜)
녀 — 女(계집)
녕 — 寧(편안할)
년 — 年(해)
념 — 念(생각)
노 — 怒(성낼) 努(힘쓸) 奴(사내종)
농 — 農(농사) 濃(짙을)
뇌 — 惱(괴로와할) 腦(뇌)
니 — 泥(진흙)
다 — 茶(차) 多(많을)
단 — 丹(붉을) 但(다만) 單(홑) 端(끝) 旦(아침) 團(둥글) 檀(박달나무) 壇(제터) 斷(끊을) 段(층계) 短(짧을)
달 — 達(통달할)
담 — 擔(멜) 淡(묽을) 潭(못) 談(말씀)
답 — 畓(논) 踏(밟을)
당 — 當(마땅할) 堂(집) 黨(무리) 糖(사탕) 唐(당나라)
대 — 大(큰) 帶(띠) 代(대신할) 待(기다릴) 臺(대) 對(대할) 隊(무리) 貸(빌릴)
덕 — 德(큰)
도 — 刀(칼) 島(섬) 挑(돋을) 倒(넘어질) 圖(그림) 度(법도) 都(도읍) 道(길) 到(이를) 途(길) 稻(벼) 跳(뛸) 逃(달아날) 桃(복숭아) 導(인도할) 徒(무리) 陶(질그릇) 渡(건널)
독 — 獨(홀로) 督(감독할) 毒(독할) 讀(읽을) 篤(두터울)
돈 — 敦(도타울) 豚(돼지)
돌 — 突(부딪칠)
동 — 同(한가지) 洞(골) 東(동녁) 動(움직일) 童(아이) 冬(겨울) 桐(오동나무) 凍(얼) 銅(구리)
두 — 頭(머리) 豆(콩) 斗(말)
둔 — 鈍(둔할)
득 — 得(얻을)
등 — 等(무리) 燈(등잔) 登(오를)
라 — 羅(벌일)
락 — 洛(물이름) 絡(이을) 落(떨어질) 樂(즐길)
란 — 卵(알) 亂(어지러울) 蘭(난초) 爛(빛날) 欄(난간)
람 — 濫(넘칠) 覽(볼) 藍(쪽)
랑 — 朗(밝을) 廊(행랑) 浪(물결) 郎(사내)
래 — 來(올)
랭 — 冷(찰)
략 — 掠(노략질할)
량 — 涼(서늘할) 糧(양식) 良(좋을) 梁(들보) 兩(두) 諒(살필)
려 — 麗(고울) 旅(나그네) 慮(생각) 勵(힘쓸)
력 — 曆(책력) 力(힘) 歷(지낼)
련 — 連(연할) 練(익힐) 鍊(단련할) 戀(사모할) 憐(동정할) 蓮(연) 聯(잇달을)
렬 — 烈(매울) 裂(찢을) 劣(용렬할) 列(줄)
렴 — 廉(청렴할)
령 — 領(옷깃) 令(명령) 靈(신령) 嶺(재)

零 영

례 例(법식) 禮(예도)
로 路(길) 露(이슬) 老(늙을) 勞(수고로울) 爐(화로)
록 錄(기록할) 鹿(사슴) 綠(푸를·녹) 祿
론 論(논의할)
롱 弄(희롱할)
뢰 雷(우뢰) 賴(의지할)
료 了(마칠) 料(헤아릴)

룡 龍(용)
릉 隆(높을) 陵(언덕)
리 梨(배·신) 覆(뒤집힐) 吏(관리) 里(마을) 裏(속) 李(오얏) 理(다스릴) 離(떠날) 利(이로울)
린 隣(이웃) 臨(다다를)
림 林(수풀)
립 立(설)

루 樓(다락) 屢(자주) 漏(샐) 淚(눈물) 累(여러)
류 類(무리) 流(흐를) 柳(버들) 留(머무를)
륙 六(여섯) 陸(뭍)
륜 輪(바퀴) 倫(인륜)
률 栗(밤)

마 馬(말) 麻(삼) 磨(갈)
막 莫(아닐) 幕(휘장) 漠(사막)
만 萬(일만) 晚(늦을) 漫(부질없을) 慢(거만할) 滿(찰) 蠻(오랑캐)
말 末(끝)
망 亡(망할) 望(바랄) 忙(바쁠) 茫(망망할) 妄(망녕될)

매 妹(누이) 梅(매화) 賣(팔) 埋(묻을) 買(살) 媒(중매)
맥 麥(보리) 脈(맥)
맹 盟(맹세할) 孟(맏) 盲(소경) 猛(사나울)
면 面(낯) 免(면할) 綿(솜) 眠(잘)
목 木(나무)

명 名(이름) 明(밝을) 命(목숨) 銘(새길) 冥(어두울) 鳴(울)
모 毛(털) 某(아무) 矛(창) 募(모을) 母(어머니) 貌(모양) 慕(사모할) 模(법) 謀(꾀할) 暮(저물)
무 武(호반) 貿(무역할) 務(힘쓸) 霧(안개) 舞(춤출) 無(없을)

멸 滅(멸망할)
몰 沒(빠짐없을)
몽 蒙(어릴) 夢(꿈)
묘 卯(토끼) 墓(무덤) 苗(싹) 妙(묘할) 廟(사당)

문 文(글월) 問(물을) 聞(들을) 門(문)
물 勿(말) 物(만물)
미 未(아닐) 味(맛) 眉(눈썹) 美(아름다울) 迷(미혹할) 尾(꼬리) 微(작을) 米(쌀)
민 敏(민첩할)

묵 默(말없을) 墨(먹)

박 朴(순박할) 薄(엷을) 迫(핍박할) 泊(떠돌) 拍(손뼉칠) 博(넓을)
반 反(돌이킬) 返(돌이킬) 半(반) 盤(쟁반) 班(나눌) 叛(배반할) 飯(밥)
발 發(필)

밀 蜜(꿀) 密(비밀할)
민 憫(불쌍히여길)

방 方(모) 芳(꽃다울) 房(방) 傍(곁) 邦(나라) 妨(방해할) 放(놓을) 防(막을) 訪(찾을)
배 倍(곱) 背(등) 排(물리칠) 培(북돋을) 拜(절) 輩(무리) 杯(잔) 配(짝)
백

범 犯(범할) 凡(무릇) 汎(뜰) 範(법) 法(법)
벽 碧(푸를) 壁(바람벽)
변

번 飜(펄럭일) 煩(번거로울) 繁(번성할) 番(차례)
벌 伐(칠) 罰(벌)

별 別(다를)
병 竝(아우를) 丙(남녘) 病(병) 屏(병풍) 兵(군사)
보 普(널리) 保(지킬) 補(기울) 報(갚을) 譜(계보) 步(걸음) 寶(보배)
복 卜(점) 伏(엎드릴)

변 辨(분별할) 變(변할) 辯(말할)
가 邊(가)

復 회복할 服 옷 複 겹칠 福 복 腹 배

본

本 근본

봉

蜂 벌 峯 봉우리 奉 받들 逢 만날 鳳 봉새 封 봉할

부

父 아버지 付 줄 富 가멸 扶 도울 膚 살갗 夫 사내 簿 장부 浮 뜰
否 아니 部 떼 賦 구실 副 버금 附 붙을 赴 다다를 腐 썩을 婦 며느리 府 고을 符 부신 負 질

북

北 북녘

분

分 나눌 墳 무덤 粉 가루 紛 어지러울 奔 달아날 奮 떨칠 憤 분할

불

不 아닐
弗 아닐 佛 부처 拂 떨칠

붕

崩 무너질 朋 벗

비

飛 날 比 견줄 非 아닐 祕 숨길 費 쓸 碑 비석 鼻 코 肥 살찔 悲 슬플 批 비평할 婢 계집종 妃 왕비 備 갖출 卑 낮을

빈

貧 가난할
賓 손 頻 자주

빙

氷 얼음 聘 부를

사

社 모일 司 맡을 邪 간사할 詐 속일 寫 베낄 絲 실 思 생각 謝 사례할 捨 버릴 詞 말 斯 이 巳 뱀 祀 제사 辭 말 査 조사할 四 넉 仕 섬길
私 사사 師 스승 似 같을 沙 모래 使 하여금 斜 비낄 蛇 뱀 事 일 史 역사 寺 절 舍 집 賜 줄 士 선비 死 죽을 射 쏠

삭

朔 초하루 削 깎을

산

山 메 算 셈할 散 흩을 酸 실
產 낳을

살

殺 죽일

삼

三 석 森 빽빽할

상

床 평상 相 서로 祥 상서로울 賞 상 想 생각 桑 뽕나무 詳 자세할 象 코끼리 上 위 償 갚을 像 형상 嘗 맛볼 霜 서리 尙 오히려 裳 치마 常 떳떳할
商 장사 喪 잃을 傷 상할 狀 문서

쌍

雙 쌍

새

塞 변방

색

色 빛 索 찾을

생

生 날

서

書 글 敍 펼 序 차례 西 서녘 署 관청 緖 실마리 徐 천천히 恕 용서할 庶 여러
暑 더위

석

石 돌 析 쪼갤 惜 아까울 席 자리 釋 풀 昔 예 夕 저녁

선

宣 베풀 線 줄 仙 신선 善 착할 船 배 禪 사양할 先 먼저 鮮 고울 選 가릴 旋 돌

설

舌 혀 說 말씀
雪 눈 設 베풀

섭

涉 건널

성

省 살필 星 별 姓 성 性 성품 盛 성할 成 이룰 聖 성인 聲 소리 誠 정성 城 재

세

細 가늘 洗 씻을 稅 세금 歲 해 世 대 勢 기세

소

召 부를 昭 밝을 少 적을 燒 불사를 訴 하소연할 蔬 나물 掃 쓸 疏 성길 消 끌 笑 웃을 蘇 깨어날 騷 시끄러울 所 바 小 작을 素 본디

속

俗 풍속 續 이을 速 빠를 粟 조 束 묶을 屬 붙을

손

損 상할 孫 손자

송

訟 송사할 頌 칭송할 松 솔 送 보낼 誦 욀

쇄

鎖 쇠사슬 刷 박을

쇠

衰 쇠할

수

手 손 首 머리 樹 나무 秀 빼어날 須 모름지기 修 닦을 輸 실어낼 獸 길짐승 愁 근심
守 지킬 誰 누구 帥 장수 遂 드디어 壽 목숨 需 구할 雖 비록 睡 졸 數 셀 受 받을 殊 다를 收 거둘 水 물 授 줄 囚 가둘 隨 따를

숙

肅 엄숙할 叔 아재비 熟 익을 淑 맑을 宿 잘 孰 누구

식자(識字) 한자 학습표

순 純(순수할) 循(순행할) 順(순할) 瞬(눈깜빡할) 盾(방패) 脣(입술) 旬(열흘) 殉(따라죽을)
술 述(지을) 戌(개) 術(재주)
숭 崇(높일)
습 襲(엄습할) 濕(젖을) 習(익힐) 拾(주을)
승 升(되) 承(이을) 昇(오를) 乘(탈) 僧(중) 勝(이길)
시 侍(모실) 試(시험할) 始(비로소) 市(저자) 施(베풀) 示(보일) 是(이) 矢(화살) 詩(시) 視(볼) 時(때)
씨 氏(각시)
식 式(법) 食(밥) 識(알) 飾(꾸밀) 息(숨쉴)
신 晨(새벽) 愼(삼갈) 辛(매울) 申(납) 神(귀신) 新(새) 臣(신하) 信(믿을) 身(몸)
실 失(잃을) 實(열매) 室(집)
심 深(깊을) 尋(찾을) 心(마음) 審(살필)
십 十(열)
아 兒(아이) 餓(주릴) 雅(아담할) 我(나) 牙(어금니) 芽(싹) 阿(언덕) 亞(버금)
악 惡(악할) 岳(큰산)
안 眼(눈) 岸(언덕) 安(평안할) 顔(얼굴) 雁(기러기) 案(책상)
알 謁(뵈올)
암 巖(바위) 暗(어두울)
압 壓(누를)
앙 殃(재앙) 央(가운데) 仰(우러를)
애 愛(사랑) 哀(슬플) 涯(물가)
액 厄(재앙) 額(이마)
야 也(어조사) 耶(어조사) 夜(밤) 野(들)
약 藥(약) 若(같을) 約(약할)
양 羊(양) 陽(볕) 讓(사양할) 樣(모양) 壤(흙덩이) 楊(버들) 揚(날릴) 養(기를) 洋(바다)
어 於(어조사) 魚(물고기) 語(말씀) 御(어거할) 漁(고기잡을)
억 億(억) 憶(생각할) 抑(누를)
언 言(말씀) 焉(어조사)
엄 嚴(엄할)
업 業(업)
여 汝(너) 予(나) 如(같을) 余(나) 與(줄) 餘(남을) 輿(수레)
역 役(부릴) 逆(거스를) 亦(또) 域(지경) 譯(통역할) 驛(역참) 疫(염병) 易(바꿀)
연 硏(연구할) 演(펼) 軟(부드러울) 燃(불탈) 宴(잔치) 鉛(납) 延(끌) 燕(제비) 然(그럴) 煙(연기) 沿(물흐를) 緣(인연) 硯(벼루)
열 悅(기쁠) 熱(더울)
염 染(물들) 炎(불꽃) 鹽(소금)
엽 葉(잎사귀)
영 英(꽃부리) 永(길) 詠(읊을) 影(그림자) 映(비칠) 泳(헤엄칠) 榮(영화) 營(경영할) 迎(맞을)
예 豫(미리) 藝(재주) 譽(기릴) 銳(날카로울)
오 誤(그릇칠) 嗚(탄식할) 悟(깨달을) 吾(나) 五(다섯) 娛(즐거워할) 汚(더러울) 傲(거만할) 午(낮) 烏(까마귀) 梧(오동나무)
옥 玉(구슬) 屋(집) 獄(옥)
온 溫(따뜻할)
옹 翁(늙은이)
와 瓦(기와) 臥(누울)
완 完(완전할) 緩(느릴)
왈 曰(가로)
왕 往(갈) 王(임금)
외 外(바깥) 畏(두려워할)
요 謠(노래) 腰(허리) 搖(흔들) 遙(멀)
욕 浴(목욕할) 欲(하고자할) 辱(욕심) 慾(욕심)
용 庸(떳떳할) 勇(날랠) 容(얼굴) 用(쓸)
우 優(뛰어날) 郵(우편) 宇(집) 牛(소) 雨(비) 友(벗) 又(또) 愚(어리석을) 遇(만날) 尤(더욱) 偶(짝) 于(어조사) 羽(깃) 憂(근심) 右(오른쪽)
운 云(이를) 雲(구름) 韻(운자) 運(움직일)
웅 雄(수컷)
원 元(으뜸)

圓 둥글 원　怨 원망할 원　原 근원 원　遠 멀 원　援 도울 원　願 원할 원　院 집 원　園 동산 원　員 관원 원　源 근원 원　月 달 월　越 넘을 월　謂 이를 위　位 자리 위　危 위태할 위　緯 씨실 위　衛 지킬 위　威 위엄 위　爲 할 위　僞 거짓 위　慰 위로할 위

委 맡길 위　圍 둘레 위　違 어길 위　胃 밥통 위　偉 위대할 위　有 있을 유　唯 오직 유　儒 선비 유　遺 끼칠 유　愈 더욱 유　酉 닭 유　幽 그윽할 유　遊 놀 유　悠 멀 유　惟 생각할 유　柔 부드러울 유　幼 어릴 유　油 기름 유　由 말미암을 유　維 맬 유　乳 젖 유　裕 넉넉할 유

誘 꾈 유　猶 오히려 유　育 기를 육　肉 고기 육　閏 윤달 윤　潤 불을 윤　恩 은혜 은　隱 숨을 은　銀 은 은　已 이미 이　移 옮길 이　貳 두 이　而 말이을 이　夷 오랑캐 이　以 써 이　耳 귀 이　異 다를 이

翼 날개 익　益 더할 익　忍 참을 인　寅 동방 인　刃 칼날 인　認 인정할 인　仁 어질 인　因 인할 인　引 끌 인　印 도장 인　人 사람 인　姻 혼인 인　一 한 일　逸 편안할 일　壹 한 일　日 날 일　賃 품팔이 임　壬 천간 임　任 맡길 임

音 소리 음　淫 음란할 음　乙 새 을　吟 읊을 음　陰 그늘 음　飮 마실 음　邑 고을 읍　泣 울 읍　應 응할 응　疑 의심할 의　宜 마땅할 의　依 의지할 의　義 옳을 의　儀 거동 의　醫 의원 의　意 뜻 의　衣 옷 의　矣 어조사 의

議 의논할 의　入 들 입　字 글자 자　自 스스로 자　子 아들 자　雌 암컷 자　者 놈 자　紫 자주빛 자　玆 이 자　慈 사랑 자　刺 찌를 자　姉 누이 자　姿 맵시 자　恣 방자할 자　資 재물 자　作 지을 작　昨 어제 작　酌 짐작할 작　爵 벼슬 작

殘 남을 잔　潛 잠길 잠　蠶 누에 잠　暫 잠깐 잠　雜 섞일 잡　奬 권면할 장　腸 창자 장　丈 어른 장　帳 휘장 장　牆 담 장　章 글 장　掌 손바닥 장　粧 단장할 장　臟 내장 장　莊 장중할 장　裝 꾸밀 장　障 막을 장　將 장수 장　場 마당 장　壯 씩씩할 장

藏 감출 장　長 길 장　葬 장사 장　張 베풀 장　裁 마를 재　財 재물 재　再 두 재　在 있을 재　才 재주 재　哉 어조사 재　栽 심을 재　災 재앙 재　載 실을 재　材 재목 재　爭 다툴 쟁　底 밑 저　低 낮을 저　貯 쌓을 저　著 나타날 저　抵 막을 저

賊 도둑 적　蹟 자취 적　積 쌓을 적　赤 붉을 적　摘 딸 적　敵 원수 적　籍 서적 적　笛 피리 적　寂 고요할 적　滴 물방울 적　績 길쌈할 적　適 맞을 적　的 적실할 적　田 밭 전　前 앞 전　全 온전할 전　轉 구를 전　典 법 전　戰 싸움 전　電 번개 전

專 오로지 전　傳 전할 전　錢 돈 전　展 펼 전　絶 끊을 절　切 끊을 절　節 마디 절　折 꺾을 절　店 가게 점　占 점령할 점　漸 점점 점　點 점 점　接 댈 접　蝶 나비 접　丁 천간 정　征 칠 정　貞 곧을 정　整 가지런할 정

訂 바로잡을 정　定 정할 정　庭 뜰 정　情 뜻 정　停 머무를 정　程 법 정　井 우물 정　靜 고요할 정　亭 정자 정　廷 조정 정　政 정사 정　頂 정수리 정　正 바를 정　精 정할 정　齊 가지런할 제　製 지을 제　際 가 제　制 억제할 제　提 끌 제　除 덜 제　諸 모두 제　濟 건널 제

祭 제사 제　題 제목 제　帝 임금 제　弟 아우 제　第 차례 제　堤 방죽 제　兆 조 조　租 세금 조　組 짤 조　弔 조상할 조　朝 아침 조　潮 조수 조　照 비출 조　早 일찍 조　助 도울 조　條 가지 조　操 잡을 조　祖 조상 조　燥 마를 조　調 고를 조　造 지을 조　鳥 새 조

足 발 족	主 주인 주	衆 무리 중	指 손가락 지	疾 병 질	察 살필 찰	處 곳 처	尖 뾰족할 첨	觸 닿을 촉	逐 쫓을 축	齒 이 치	臭 냄새 취
族 겨레 족	株 그루 주	仲 버금 중	只 다만 지	秩 차례 질	懺 뉘우칠 참	妻 아내 처	添 더할 첨	燭 촛불 촉	築 쌓을 축	稚 어릴 치	醉 취할 취
存 있을 존	宙 집 주	重 무거울 중	止 그칠 지	姪 조카 질	慘 참혹할 참	悽 슬퍼할 처	妾 첩 첩	促 재촉할 촉	丑 소 축	値 값 치	快 쾌할 쾌
尊 높을 존	州 고을 주	卽 곧 즉	池 못 지	執 잡을 집	參 참여할 참	尺 자 척	淸 맑을 청	寸 마디 촌	祝 빌 축	置 둘 치	打 칠 타
卒 군사 졸	走 달릴 주	蒸 찔 증	枝 가지 지	集 모을 집	唱 노래부를 창	戚 겨레 척	靑 푸를 청	村 마을 촌	畜 가축 축	則 법 칙	墮 떨어질 타
拙 졸할 졸	朱 붉을 주	贈 줄 증	之 갈 지	徵 부를 징	暢 화창할 창	斥 물리칠 척	晴 갤 청	總 거느릴 총	蓄 쌓을 축	親 친할 친	妥 온당할 타
宗 마루 종	注 물댈 주	增 더할 증	至 이를 지	懲 징계할 징	創 비롯할 창	拓 밀칠 척	請 청할 청	聰 귀밝을 총	縮 줄일 축	七 일곱 칠	他 다를 타
鐘 쇠북 종	晝 낮 주	證 증거 증	織 짤 직	此 이 차	滄 푸를 창	千 일천 천	廳 관청 청	銃 총 총	春 봄 춘	漆 옻칠할 칠	託 부탁할 탁
縱 세로 종	住 살 주	憎 미워할 증	直 곧을 직	差 어긋날 차	昌 창성할 창	天 하늘 천	聽 들을 청	最 가장 최	出 날 출	針 바늘 침	琢 쫄 탁
種 씨 종	洲 물가 주	曾 일찍 증	職 직분 직	且 또 차	蒼 푸를 창	踐 밟을 천	體 몸 체	催 재촉할 최	充 찰 충	枕 베개 침	濯 빨래 탁
從 좇을 종	周 두루 주	症 증세 증	鎭 진압할 진	借 빌 차	窓 창 창	薦 천거할 천	替 바꿀 체	推 밀 추	忠 충성 충	寢 잘 침	炭 숯 탄
終 마칠 종	舟 배 주	誌 기록할 지	陳 베풀 진	次 버금 차	倉 곳집 창	淺 얕을 천	初 처음 초	秋 가을 추	蟲 벌레 충	浸 잠길 침	彈 탄알 탄
左 왼 좌	酒 술 주	持 가질 지	進 나아갈 진	着 붙을 착	彩 채색 채	遷 옮길 천	草 풀 초	抽 뽑을 추	衝 찌를 충	沈 잠길 침	歎 탄식할 탄
佐 도울 좌	柱 기둥 주	支 지탱할 지	振 떨칠 진	捉 잡을 착	債 빚 채	賤 천할 천	抄 베낄 초	醜 더러울 추	測 잴 측	侵 침노할 침	脫 벗을 탈
座 자리 좌	竹 대 죽	地 땅 지	眞 참 진	錯 섞일 착	菜 나물 채	川 내 천	肖 같을 초	追 따를 추	側 곁 측	稱 일컬을 칭	奪 빼앗을 탈
坐 앉을 좌	俊 뛰어날 준	智 슬기 지	珍 보배 진	讚 기릴 찬	採 캘 채	泉 샘 천	招 부를 초		層 층 층	取 취할 취	探 더듬을 탐
罪 허물 죄	準 법도 준	遲 더딜 지	辰 별 진	贊 찬성할 찬	冊 책 책	哲 밝을 철	超 뛰어넘을 초		治 다스릴 치	吹 불 취	貪 탐낼 탐
中 가운데 중	遵 좇을 준	志 뜻 지	陣 진칠 진		策 꾀 책	徹 뚫을 철	礎 주춧돌 초		恥 부끄러울 치		
		紙 종이 지			責 꾸짖을 책	鐵 쇠 철			致 이를 치		
		知 알 지									

塔	탑
湯	끓을 탕
太	클 태
泰	클 태
態	태도 태
怠	게으를 태
殆	위태할 태
宅	집 택
擇	가릴 택
澤	못 택
土	흙 토
吐	칠 토
兎	토끼 토
通	통할 통
統	거느릴 통
痛	아플 통
退	물러날 퇴
投	던질 투
貝	조개 패
敗	패할 패
便	편할 편
片	조각 편
篇	책 편
編	엮을 편
遍	두루 편
平	평평할 평
評	평론할 평
閉	닫을 폐
幣	폐백 폐
蔽	가릴 폐
肺	허파 폐
弊	폐단 폐
廢	폐할 폐
捕	잡을 포
浦	물가 포
飽	배부를 포
抱	안을 포
胞	세포 포
包	쌀 포
布	베 포
暴	드러낼 폭
爆	폭발할 폭
幅	폭 폭
票	표 표
表	겉 표
漂	떠돌 표
標	표 표
品	물건 품
豐	풍성할 풍
楓	단풍나무 풍
風	바람 풍
皮	가죽 피
被	입을 피
避	피할 피
疲	지칠 피
彼	저 피
畢	마칠 필
匹	짝 필
必	반드시 필
筆	붓 필
下	아래 하
何	어찌 하
河	강 하
夏	여름 하
賀	하례할 하
荷	연 하
學	배울 학
鶴	학 학
寒	찰 한
閑	한가할 한
旱	가물 한
汗	땀 한
漢	한나라 한
限	한정 한
恨	한할 한
韓	나라이름 한
割	나눌 할
咸	다 함
含	머금을 함
陷	빠질 함
合	합할 합
恒	항상 항
抗	대항할 항
航	배질할 항
項	조목 항
港	항구 항
巷	거리 항
亥	돼지 해
解	풀 해
害	해칠 해
該	어찌 해
奚	어찌 해
海	바다 해
核	씨 핵
幸	다행 행
行	다닐 행
鄕	시골 향
香	향기 향
享	누릴 향
響	울릴 향
向	향할 향
許	허락할 허
虛	빌 허
軒	추녀 헌
憲	법 헌
獻	드릴 헌
驗	시험할 험
險	험할 험
革	가죽 혁
現	나타날 현
絃	악기줄 현
賢	어질 현
縣	고을 현
懸	매달 현
顯	나타날 현
玄	검을 현
血	피 혈
協	화할 협
脅	위협할 협
形	형상 형
螢	반딧불 형
刑	형벌 형
兄	맏 형
亨	형통할 형
惠	은혜 혜
兮	어조사 혜
慧	지혜 혜
乎	어조사 호
呼	부를 호
戶	지게 호
號	부르짖을 호
毫	가는붓털 호
胡	오랑캐 호
豪	호걸 호
虎	범 호
護	지킬 호
浩	넓을 호
好	좋을 호
湖	호수 호
互	서로 호
惑	미혹할 혹
或	혹 혹
昏	어두울 혼
婚	혼인할 혼
混	섞을 혼
魂	넋 혼
忽	문득 홀
笏	홀 홀
弘	넓을 홍
洪	넓을 홍
紅	붉을 홍
鴻	큰기러기 홍
火	불 화
花	꽃 화
華	빛날 화
化	될 화
禾	벼 화
話	말할 화
貨	재화 화
和	화할 화
畵	그림 화
禍	재앙 화
確	확실할 확
擴	넓힐 확
獲	얻을 획
劃	그을 획
丸	둥글 환
換	바꿀 환
環	고리 환
還	돌아올 환
患	근심 환
歡	기뻐할 환
活	살 활
荒	거칠 황
皇	임금 황
況	하물며 황
黃	누를 황
會	모을 회
懷	품을 회
悔	뉘우칠 회
回	돌아올 회
灰	재 회
橫	가로 횡
孝	효도 효
曉	새벽 효
效	본받을 효
候	기후 후
厚	두터울 후
喉	목구멍 후
後	뒤 후
侯	제후 후
訓	가르칠 훈
毁	헐 훼
輝	빛날 휘
揮	휘두를 휘
攜	가질 휴
休	쉴 휴
凶	흉할 흉
胸	가슴 흉
黑	검을 흑
吸	숨들이쉴 흡
興	일어날 흥
喜	기쁠 희
熙	빛날 희
希	바랄 희
稀	드물 희
戱	희롱할 희
噫	탄식할 희

촌법(寸法)

親族 系寸表 (친족 계촌표)

고조부모 세대

| 傍高祖 從高祖 종고조·모 (六寸) | ─형·제─ | 高祖父·母 고조부·모 (四寸) |

증조부모 세대

| 再從曾祖(母) 재종증조모 (七寸) | 從曾祖 종증조·모 (五寸) | ─형·제─ | 曾祖父·母 증조부·모 (三寸) |

조부모 세대

| 三從祖 삼종조·모 (八寸) | 再從祖 재종조·모 (六寸) | 祖父·母 조부·모 (二寸) | ─형·제─ | 從祖父 종조부·모 (四寸) |

부모 세대

| 三從叔(三堂叔) 삼종숙·모 (九寸) | 再從叔(再堂叔) 재종숙·모 (七寸) | 父·母 아버지 어머니 (一寸) | ─형·제─ | 伯叔父 백숙부·모 (三寸) | 從叔(堂叔) 종숙부·모 (五寸) |

자기 세대

| 四從兄弟姉 姉「嫂」사종 형제자·매 (十寸) | 三從兄弟姉妹 삼종 형·제자·매 (八寸) | 自己 자기 夫·妻 부·처 (一寸) | 從兄弟姉妹「嫂」종형제자매 (四寸) | 再從兄弟 姉·妹 형·제자·매 재종 (六寸) |

86

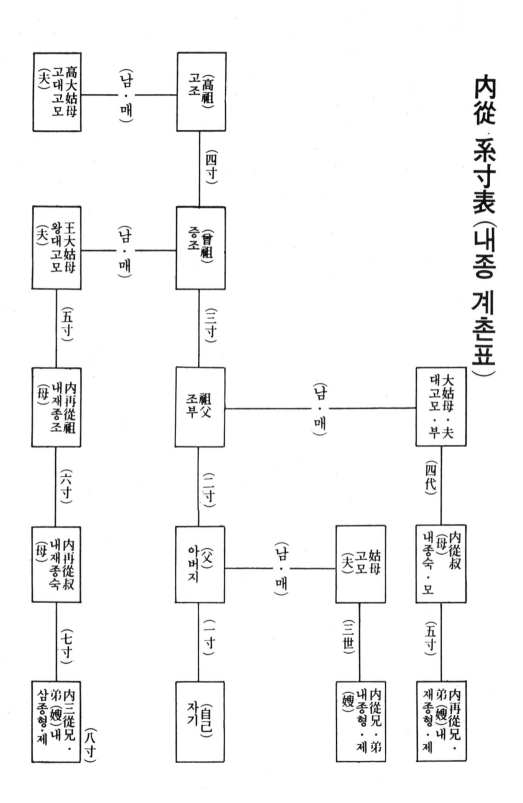

内從 系寸表 (내종 계촌표)

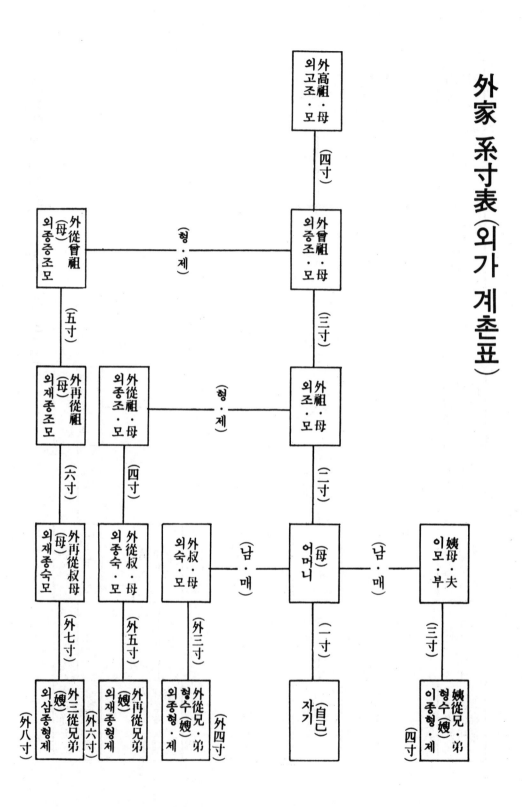

外家 系寸表 (외가 계촌표)

수례 서식

축하

祝優勝(축우승)　祝發展(축발전)　祝榮轉(축영전)　祝當選(축당선)　祝入選(축입선)

사례

略禮(약례)　微衷(미충)　薄禮(박례)　薄謝(박사)　菲品(비품)

결혼식

賀儀(하의)　祝結婚(축결혼)　祝華婚(축화혼)　祝聖婚(축성혼)　祝盛典(축성전)

회갑연

祝回甲 (축회갑)　祝壽宴 (축수연)　壽儀 (수의)　祝禧筵 (축희연)　祝儀 (축의)

초상

奠儀 (전의)　香燭代 (향촉대)　吊儀 (조의)　賻儀 (부의)　謹吊 (근조)

대소상

薄儀 (박의)　菲品 (비품)　菲儀 (비의)　奠儀 (전의)　香奠 (향전)

궁합법(宮合法)

六十甲子 並行音表 (육십갑자 병행음표)

甲子乙丑 海中金	甲戌乙亥 山頭火	甲申乙酉 泉中水	甲午乙未 沙中金
甲辰乙巳 覆燈火	甲寅乙卯 大溪水	丙寅丁卯 爐中火	丙子丁丑 澗下水
丙戌丁亥 屋上土	丙申丁酉 山下火	丙午丁未 天河水	丙辰丁巳 沙中土
戊辰己巳 大林木	戊寅己卯 城頭土	戊子己丑 霹靂火	戊戌己亥 平地木
戊申己酉 大驛土	戊午己未 天上火	庚午辛未 路傍土	庚辰辛巳 白蠟金
庚寅辛卯 松柏木	庚子辛丑 壁上土	庚戌辛亥 釵釧金	庚申辛酉 石榴木
壬申癸酉 劍鋒金	壬午癸未 楊柳木	壬辰癸巳 長流水	壬寅癸卯 金箔金
壬子癸丑 桑柘木	壬戌癸亥 大海水		

男女宮合法 (남녀 궁합법)

• 頭尾法

子寅卯未酉戌亥爲尾 丑辰午申巳爲頭 兩頭合
則平兩尾合則順 男頭女尾和合 女頭男尾不吉

• 解說

相生＝金生水 水生木 木生火 火生土 土生金

相克＝土克土 土克水 水克火 火克金 金克木

男金女金
길흉이 많으니 가난할 것이요。자손이 창성하
나 정이 없을 것이요、부부지정이 점점 허수
하고 동기 지정이 화목치 못하고 패가하리라。

男金女木
金克木이니 만사 구설이 분분하도다。과망지
격이요、자손이 불화하여 가도다。쇠잔하여
우마와 재물이 진진하지 못하리라。

男金女水
金生水니 부귀복록이 많으며 자
손의 장자는 죽고、차자는 장수하여 재물이
거부되고、일세의 명예가 높아지며、부부 금
슬이 좋으리라。

男金女火
火克金이니 백년을 근심할 격이라。재산을 태
산같이 두었으나 자연 패가할 것이요、이별지
수가 있고 혹 자손을 두었으나 기르기 어렵도
다。

男金女土
土生金이니 부귀공명 지격이라。자손이 번성
하고 재물이 많고 명예가 세상에 진동하고、
평생의 근심이 없으리라。

男木女金
金克木이니 좋지 못하고 부부간에 오래 동거
치 못할 것이요、일생에 빈함을 면치 못하고、
자연 자손이 성치 못하여 재화가 연발할 것이
다。

男木女木
木生火이니 평생에 길흉이 상반하나 부부화
락하여 생남 생녀하고、재산은 풍족치 못하
나 일생을 안락하게 지내리라。

男木女水
水生木이니 부부 금실이 지극하고 자손이 효
성있고 친척이 화목하고 복과 록이 가득하며
수명할 것이요、원만한 가정이로다。

男木女火
木生火이니 자손이 만당하고 복록이 많을 격
이라、평생을 금의옥식으로 걱정근심없이 지
낼 격이로다。

男木女土
木克土이니 금실이 떨어지고、친척이 불목하
며、자손이 불효하여 패가망신하리라。

男水女金
金生水이니 부귀할 격이요、자자손손이 창성
하고 생애가 족하고 친척이 화목하고 재산이
많으리라。

男水女木
水生木이니 재산이 흥왕하고 영화가 무수하
고 공명이 또한 겸비하며、자손이 만당하니
평생에 기쁜 일 뿐이로다。

男水女水
水相合이니 부귀할 격이요、 부부 금실이 중하고 일가가 화순하여 재물이 많고 자손이 수다하여、 일생에 근심이 없으리라.

男水女火
水火相克이니 부부 불화하고、 자손이 불효하며 일가 친척이 화목치 못하면 자연 집안이 결단나리라.

男水女土
水相克男이니 부부 금슬이 불화하고 자손이 불효하다.

男火女金
火克金이니 불 가운데 눈같이 쓸려지고 먹을 것이 없도다. 자손이 귀하고 인류이 어지러워 재앙이 끊이지 않고, 부부 화합하여 재물은 석숭을 비하고 벼슬은 극히 높으리라.

男火女木
木生火이니 만사 대길하고、 부부 화합하여 자손이 효성하고、 사방에 이름이 날리어 재물은 극히 높은 것이 많도다. 재물이 흩어지고 부부간에 화순치 못하고 자손이 없고、 화재로 패를 보리라.

男火女火
兩火가 相遇하니 재물이 흩어지고 부부간에 화순치 못하고 자손이 없고、 화재로 패를 보리라.

男火女土
火生土니 자손이 성하고 재물이 풍족하여 일생에 근심이 없고 부귀복록이 자연 이르고 명예가 세성에 전하도다.

男土女金
土生金이니 부부 해로하여 자손이 창성하고 부귀공명이 겸하고 재물이 많고 근심이 없으리라.

男土女木
木克土이니 부부 서로 불화하고、 관재 구설이 끊임없어 비록 재물은 있으나 장차 없어질 것이리라.

男土女水
土克水이니 자손은 비록 있어도 동서로 흩어질 것이요、 부부지간에 생이별하고 가엾이 되리요、 백년을 근심으로 지내리라.

男土女火
火生土이니 부부간에 금실이 중하고 자연부귀하여 재물이 태산같고 효자효부를 두어 만사에 걱정이 없고 백년을 안과하리라.

男土女土
兩土가 相合하니 子孫이 창성할 격이요. 富貴하여 금의 옥식에 풍류객이 되어 고루거각에 富貴 명월이 비치고 재물이 많으리라.

혼삼재 (婚三災)

혼삼재란 서로 맞지 않는 띠끼리 만나게 되면 걸리게 되는 재앙으로 여기에 해당되면 부부가 생·사 이별하게 되고 가산(家産)에 패수(敗數)가 있고 병액으로 고통받고 모든 일이 중도에서 좌절하게 된다.

• 호랑이띠(寅)、 말띠(午)、 개띠(戌)로 태어난 사람이 쥐띠(子)、 소띠(丑)、 호랑이띠(寅)를 만나면 삼재가 되고、

• 돼지띠(亥)、 토끼띠(卯)、 양띠(未)로 태어난 사람이 닭띠(酉)、 개띠(戌)、 돼지띠(亥)를 만나면 삼재가 되고、

• 잔나비띠(申)、 쥐띠(子)、 용띠(辰)로 태어난 사람이 말띠(午)、 양띠(未)、 잔나비띠(申)를 만나면 삼재가 되고、

· 뱀띠(巳)、닭띠(酉)、소띠(丑)로 태어난 사람이　토끼띠
(卯)、용띠(辰)、뱀띠(巳)를 만나면 삼재가 된다。

※ 寅午戌年生人은 子丑寅年生人을 忌한다。
※ 亥卯未年生人은 酉戌亥年生人을 忌한다。
※ 巳酉丑年生人은 卯辰巳年生人을 忌한다。
※ 申子辰年生人은 午未申年生人을 忌한다。

불혼법 (不婚法)

이 불혼법은 출생한 달을 상대로 하여 궁합(宮合)을 보게 되는 것으로 여기에 해당되면 부부가 이별하고 자손이 없거나 가난하거나 병액이 있거나 갖은 풍파가 일어나므로 불행하게 된다。

正月生 男子는 六月生 女子와、二月生 男子는 三月生女子와、三月生男子는 九月生女子와、四月生男子는 五月生女子와、五月生男子는 八月生女子와、六月生男子는 正月・七月生女子와、七月生男子는 十一月生女子와、八月生男子는 十二月生女子와、九月生男子는 十月生女子와、十月生男子는 十二月生女子와、十一月生男子는 二月生女子와、十生男子는 五月生女子와 혼인을 하지 않는다。

고과살 (孤寡殺)

고과살이란 생년(生年)을 대조하여 보아 이 살에 걸리면 부부가 생사 이별수가 있어 고독하고 과부가 되는 수를 말한다。

① 돼지띠、쥐띠、소띠가 범띠하고 만나면 고독하고, 개띠를 만나면 과부살이 된다(亥子丑生은 寅孤戌寡殺)。

② 범띠、또끼띠、용띠가 뱀띠를 만나면 고독살이 되고, 소띠를 만나면 과부살이 된다(寅卯辰生巳孤丑寡殺)。

③ 뱀띠、말띠、양띠가 잔나비띠를 만나면 고독살이 되고、용띠를 만나면 과부살이 된다(巳午未生은 申孤、辰寡殺)。

④ 잔나비띠、닭띠、개띠가 돼지띠를 만나면 고독살이 되고、양띠를 만나면 과부살이 된다(申酉戌生은 亥孤、未寡殺)。

이외에도 하늘에 낸 과부살이 있고 땅이 낸 과부살이 있다。어느 달을 말할 것없이 토끼날(卯日)에 출생하거나 닭날에 출생하면 이 살에 걸리고 이 날에 출생한 사람은 과부가 된다는 것이다(每月卯日天寡殺、每月酉日地寡殺)。

1, 제사(祭祀)의 종류

시제(時祭)
계절에 따라 지내는 제사

시제(時祭)는 계절마다 중월(仲月)에 지내며, 전달 하순(下旬)에 날짜를 정한다. 날짜가 결정되면 재계(齋戒)하고, 하루 먼저 신위(神位)를 차리고, 제기를 진설하고, 희생(犧牲)을 살펴보고, 그릇을 씻고, 음식을 장만해야 한다. 새벽에 일어나 소채와 과실과 술과 반찬을 진설하고, 날이 밝으면 신주를 만들어 신위에 모신다.

이제(禰祭)
계추에 지내는 제사

계추(季秋)에 지내는 것이 이제(禰祭)이다. 제사 지낼 날짜는 전달 하순(下旬)에 정한다. 3일 전에 재계(齋戒)하고, 하루 먼저 신위를 만들고, 그릇을 진설하고, 음식을 장만해야 한다. 당일, 새벽에 일어나 채소와 실과와 술과 반찬을 진설한다. 날이 밝으면 새옷으로 갈아 입고 사당에 나아가 신주를 받들어 정침(正寢)에 모신다. 참신 · 강신 · 진찬 · 초헌 · 아헌 · 종헌 · 유식 · 합문 · 계문 · 수조(受胙) · 사신 · 납주(納主) · 철(徹) · 준(餕)의 순서로 지낸다.

기제(忌祭)
부모께서 죽은 날 지내는 제사

하루 앞에 재계하고, 신위를 마련하고, 제기를 진설하고, 음식을 마련한다. 새벽에 일어나 채소와 실과와 술과 반찬을 진설한다. 날이 밝으면 주인 이하 깨끗한 옷으로 갈아입고 사당에 나아가 신주를 받들어 정침(正寢)으로 모신다. 참신 · 강신 · 진찬 · 초헌 · 아헌 · 종헌 · 유식 · 합문 · 계문 · 사신이 끝나면, 신주를 도로 모시고, 모두 치운다. 이 날에는 술을 마시지 않고, 고기를 먹지 않으며, 가무를 하지 않는다.

묘제(墓祭)
삼월 상순에 묘 앞에서 지내는 제사

3월 상순(上旬)에 날짜를 정하고, 하루 앞에 재계(齋戒)하고 제물을 마련한다. 당일 새벽에 묘소를 깨끗이 하고, 자리를 깔고, 음식을 진설한다. 참신 · 강신을 한 다음, 초헌 · 아헌 · 종헌을 하고, 사신하고, 제물을 거둔다. 이보다 먼저 토지신(土地神)에 제사 지냈다. 자리를 깔고 제물을 진설한

연시제(年始祭)

연시제는 정월 초하룻날 아침에 세배를 드리는 차례이다.

봉사자는 가족적인 관념이 가장 짙은 부모, 조부모, 배우자로 한다. 증조부모, 고조부모의 차례를 올려도 좋다.

차례를 올리는 방법은, 봉사 대상이 되는 여러 분을 한꺼번에 모시고 제사를 올린다. 그러나, 봉사 대상이 조부모, 부모, 배우자로 한정되어 있으므로, 진설은 조부모 내외분, 부모 내외분, 배우자로 제상을 각각 마련한다.

지방은, 합사할 때는 봉사 대상을 한 종이에 나란히 쓴다. 정초에는, 우리 나라 고유의 민속으로 어느 집에서나 먹으므로, 연시제에는 메 대신 떡국으로 올린다. 축문은 읽지 않으며 헌작(獻酌)도 한 번으로 한다.

한식 성묘(寒食省墓)

한식(寒食)은 청명(淸明) 다음 날로 동짓달로부터 백5일째 되는 날이다.

이 날은 조상에 제사를 지내고, 성묘를 가는 것으로 옛부터 전한다.

한식(寒食)이란 말은, 옛날 중국에서 동지(冬至)뒤 백5일째 되는 날은 비와 바람이 심하다고 해서 불을 때지 않고 찬밥을 먹었었다는 풍속에서 연유한다. 원래, 성묘는 춘하추동(春夏秋冬)에 한 번씩 반드시 하는 것으로 날짜가 정해져 있다. 봄에는 한식, 여름에는 단오, 가을에는 추석, 겨울에는 음력 시월 초하루다. 한식날 성묘할 때에 분묘를 매만져 다듬는 것은 당연하다.

이장(移葬)을 해도 좋은 날인 청명일(淸明日)에 해도 무방하다.

추석절 제사(秋夕節祭祀)

추석은, 정월 명절과 함께 가장 큰 명절이다.

추석은 한가위, 가윗날, 중추절(仲秋節), 가배일(嘉俳日, 嘉優日)이라고도 한다. 음력으로 팔월 보름이면 더위는 물러가고 백곡이 익어 일년 중 어느 때보다도 풍성한 때다.

추석이 되면 흩어졌던 가족들도 돌아와 조상에게 햇곡식으로 차린 차례를 올린 다음 성묘를 한다. 차례를 지내는 대상은 직계 조상으로 하며, 제수와 절차는 기제와 같다.

2, 제사 지내는 절차

1, 강신 (降神)

강신이란, 신위께서 강림하시어 음식을 드시도록 청을 하는 것이다. 이에 앞서 제주가 신위를 모셔오고자 대문 밖에 나갔다가 들어와, 제사를 마친 후에 다시 신위를 배웅하느라 대문 밖까지 나갔다 오는 지방 풍속도 있다.

강신은, 제주 이하 모든 참사자가 차례대로 선 뒤에 제주가 신위 앞에 나아가 꿇어앉아 분향하고 우집사(右執事)가 술을 잔에 차지 않게 조금 따라 제주에게 주면, 제주는 받아서 모사(茅沙) 그릇 위에 세 번으로 나누어 붓고, 빈 잔은 우집사에게 다시 주고, 일어나서 두 번 절한다. 향을 피우는 것은 위에 계신 신을 모시는 것이고, 술을 따르는 것은 아래 계신 신을 모시는 것이다.

2, 참신 (參神)

참신은, 강신을 마친 뒤 제주 이하 모든 참사자가 두 번 절한다. 신주(神主)인 경우에는 참신을 먼저 하고, 지방(紙榜)인 경우에는 강신을 먼저 한다.

3、초헌 (初獻)

제주가 신위 앞에 나가 꿇어 앉아 분향한 뒤 좌집사 (左執事)가 잔을 제주에게 주면, 우집사가 잔에 술을 가득 붓고 제주는 강신할 때와 같이 오른 손으로 잔을 들어 모사에 조금씩 세 번 기울여 부은 뒤 두 손으로 받들어 집사에게 주면, 집사는 그것을 받아서 올린다.

먼저 고위 (考位 아버지위) 앞에 올리고, 두 번째 잔을 받아 서비위 (妣位 어머니 위)에 올리고 저를 고른 후 재배한다.

4、독축 (讀祝)

독축이란, 축문을 읽는 것이다. 축문은 초헌이 끝난 다음 제주 이하 모든 제관이 꿇어 앉고 제주 앞에 축관이 앉아 읽는다. 축문은 엄숙한 분위기를 조성하는 것으로써, 목청을 가다듬어 천천히 크게 읽는다. 축문이 끝나면 일동은 곡을 하고 조금 있다가 모두 일어나 두 번 절한다.

5、아헌 (亞獻)

아헌이란, 두 번째 잔을 올리는 것으로, 주부가 사배하는 것이 예의이다. 주부가 올리기 어려울 때에는 제주의 다음 가는 근친자가 초헌처럼 한다. 축문은 읽지 않는다.

6、종헌 (終獻)

종헌이란, 마지막 잔을 올리는 것을 말한다. 종헌은, 아헌자 다음 가는 근친자가 아헌처럼 하며, 잔을 받아서 모사에 세 번 기울였다가 올린다.

가문에 따라서는 저(箸)를 고르기도 한다.

7、첨작 (添酌)

첨작은, 유식(侑食)이라고도 한다. 제주가 다시 신위 앞에 나아가 끓어 앉으면 우집사가 다른 술잔에 술을 조금 따라 초헌자에게 주고, 이것을 좌집사가 잔을 받아 종헌자가 드릴 때에 채우지 않은 잔에 세 번으로 나누어 첨작하고 두 번 절한다.

8、계반삽시 (啓飯揷匙)

계반삽시란, 메 그릇의 뚜껑을 열어 놓고 수저를 꽂는 것으로, 수저 바닥을 동쪽으로 한다.

9, 합문 (闔門)

합문이란, 참사자 모두가 방을 나와 문을 닫는 것을 말한다. 대청에서 드릴 때에는 뜰 아래로 내려와 조용히 3, 4분간 기다린다. 그러나, 부득이한 경우에는 제자리에 조용히 엎드려 있다가, 수분 후에 세 번 기침하고 일어선다.

10, 개문 (開門)

계문이란, 문을 여는 것을 말한다. 제주가 기침을 세 번 하고 문을 열고 들어간다. 대청에서 드릴 때에는 대청으로 올라간다.

11, 헌다 (獻茶)

숭늉과 갱을 바꾸어 올리고, 메를 조금씩 세 번 떠서 말아 놓고 저를 고른 뒤 참사자 일동이 2, 3분간 읍(揖)하고 있다가 큰 기침을 하고 고개를 든다.

100

12、철시복반 (撤匙復飯)

축관이 숭늉 그릇에 놓인 수저를 시접에 거두고, 메 그릇에 뚜껑을 덮고 이성을 고한다.

13、사신 (辭神)

참사자 일동이 재배하고, 신주를 사당으로 모시고, 지방과 축을 불사른다.

14、철상 (撤床)

철상이란, 모든 제수를 물리는 것으로, 뒤에서부터 물린다.

15、음복 (飮福)

음복이란, 조상께서 내려 주신 복된 음식이란 뜻이다. 제사가 끝나면 참사자 (參祀者) 와 가족이 모여서 식사를 한다. 또한 음식을 친족과 이웃에 나누어 주며, 이웃 어른을 모시고 대접하기도 한다.

3、제물(祭物) 제기(祭器)

제물 (祭物)

① 메 (밥)

② 삼탕(三湯) 소탕, 육탕, 어탕

③ 삼적(三炙) 소적, 육적, 어적

④ 채소 (菜蔬 삼색나물, 즉 콩나물, 숙주나물, 무나물)

⑤ 침채 (沈菜 동치미)

⑥ 청장 (淸醬)

⑥ 청밀 (淸密 꿀, 조청)

⑧ 병 (餠 백편)

⑨ 포 (脯 북어, 건대구, 건문어, 건전복, 암치, 오징어 육포)

⑩ 유과류 (油果類)、산자 (饊子)、채소 강정 (菜蔬糠精 오화당, 원당, 빙당, 매화당, 각당)

⑪ 당속류 (糖屬類 옥춘,

⑫ 다식 (茶食 녹말, 송화, 흑임자)

⑬ 전과 (煎果 연근, 생강, 유자)

⑭ 실과 (實果 생실과, 숙실과)

⑮ 제주 (祭酒 청주)

⑯ 갱수 (更水 숭늉)

⑰ 시접 (匙楪 수저 담는 놋그릇)

⑱ 모사 (茅沙)

⑲ 위패 (位牌)

⑳ 향로와 촛대

제기 (祭器)

* 변 (籩) 실과와 건육을 담는 제기. 대개 대나무로 굽을 높게 엮어서 만든다.

* 두 (豆) 김치・젓갈을 담는 제기. 나무로 높게 만들고 뚜껑이 있다.

* 병대 (餠臺) 떡을 담는 제기. 윗판은 사각형이고 대부분은 둥근 것과 모진 것이 있다.

* 탕기 (湯器) 국을 담는 그릇. 여러가지 크기가 있고, 담는 국도 다르다.

* 시접 (匙楪) 수저를 올려 놓는 제기. 제사에 앞서 수저로 이 시접을 세 번 가볍게 두드려 신령에게 고한다.

* 모사기 (茅沙器) 모사를 담는 그릇. 우물정 (井) 자 모양으로 생겼고 폭이 넓다.

102

다.

*주배(酒杯) 술잔. 여러 가지가 있으나 모두 잔받침이 있
쓰인다.

*준작(罇爵) 주기(酒器). 사기나 구리로 만든다. 꼭지가
있고 밑바탕에 굽이 있는 것을 이(彝)라고 한다. 준(罇)에
는 소모양인 희준(犧罇)、 코끼리 모양인 상준(象罇) 등 여러
가지가 있다. 작(爵)은 새부리모양으로 생겨 술을 따르는데
쓰인다.

*향합(香盒) 향을 담는 그릇. 사기、 놋쇠、 나무 등으로 만
들고, 위아래 짝이 있다.

*향로(香爐) 향을 피우는 그릇. 제상보다 한 단 낮은 향
상(香床)에 놓는다.

*상석(床石) 무덤 앞에 설치해 놓은 장방형의 돌. 또는,
능침의 봉분 앞에 설치해 놓은 장방형의 돌.

4. 제상 차리는 법

제사상의 진설(陳設)은 옛부터 전하는 격식이 있다. 제사
는 예식이다. 젯상(祭床)의 진설도 원칙에 맞도록 하며, 아
무렇게나 늘어 놓아서는 안 된다. 진설의 원칙도 우리의 일
상 생활에서의 음식을 드는 것과 같다. 우리가 식사할 때 ❶
먼저 술과 안주를 들고, ❷ 식사를 하고, ❸ 후식으로 과일
이나 과자를 드는 것처럼 돌아가신 분에게도 이와 같은 순서
로 음식을 권한다. 제사 지내는 순서도 이 원칙에 따르고,
젯상에 음식차리는 것도 이 차례에 따른다.

神位 앞에서부터

제1열 主食 : 메(飯 : 밥)、 갱(羹 : 국)
제2열 술안주 : 적(炙)、 전(煎)
제3열 술안주와 반찬 : 탕(湯)
제4열 반찬 : 찬(김치 · 나물 등)
제5열 후식 : 과일, 조과

제1열【멧줄】

1 메(飯)가 좌측이고, 갱(羹 : 국)이 우측이다.

2 시접(匙楪 : 수저)은 향하여 우측에 놓는다. 그러나 합설
(合設)인 때에는 한 그릇에 놓게 되므로 양위(兩位)의 중
간에 놓는다. 잡는 자루가 오른쪽으로 가게 하여 숟가락
을 안으로 하여 젓가락과 같이 나란히 놓는다.

3 잔(盞盤)은 메와 갱의 사이, 즉 신위(神位)의 정면이다.

4 면(麵 : 국수)은 좌측 가이고, 병(餅 : 떡)은 우측 가이다.
떡을 들 때 필요한 조청은 떡그릇 옆에 놓는다.

제2열【안주】

1 적(炙)은 구운 것으로서 육적(肉炙)·어적(魚炙)·계적(鷄炙) 등이 있다.

2 전(煎)은 기름에 튀긴 것으로서 육전(肉煎)·소전(素煎)·어전(魚煎) 등이 있다.

3 어동 육서(魚東肉西)라고 하여 육(肉)을 좌편에, 어(魚)를 우편에 놓고 (肉이 上位이므로), 두동 미서(頭東尾西)라고 하여 머리가 동쪽으로 가게 놓는다. 방향을 말할 때에는 제청이 북쪽에 위치하고 남향하므로 우측이 동이고 좌측이 서다. 좌우라 할 때에는 언제고 향하여 말하는 것이며 좌가 상위이다.

❷ 김·생선 등도 이 줄에 놓는다. 삼색 나물이란 ❶ 고사리, 도라지 또는 무나물, ❸ 시금치 또는 숙주 나물이다.

일반적으로

* 건(乾)한 것이 좌, 습(濕)한 것이 우

* 생체(生菜)가 좌, 숙채(熟菜)가 우

* 산채(山菜 : 自然産)가 좌, 채소(재배한 것)가 우로 생각하면 된다.

이러한 법칙은 음식을 상하의 위계를 따져서 상위(上位)의 것을 좌우(左右)에 놓는다는 원리이다. 그러나 음식이 많으면 서로 얼키어 따지기가 어렵다.

제3열【탕】

탕(湯)은 육탕(肉湯)·소탕(素湯)·어탕(魚湯) 등의 삼탕(三湯)을 보통 쓴다. 제사에 쓰는 탕은 일반 탕을 달량 담백하게 만들고 작은 그릇에 놓는다.

제4열【찬줄】

제사에는 포(舖)가 반드시 따르게 마련이다. 포(左脯 右醢)라 하여 왼쪽에 포, 오른쪽에 식혜를 놓는다. 포와 식혜 사이에 침채(沈菜 : 김치)·숙채(熟菜 : 三色나물)·청장(淸醬 : 간장) 등을 놓는다.

제5열【과일】

과일은 실과(實菓)와 조과(造菓)로 나눌 수 있다. 실과(과일)가 좌측, 조과(造菓 : 과자류)가 우측이며, 실과는 신이 만드는 것이므로 상위이다. 과일은 옛부터 조(棗)·율(栗)·시(柿)라고 하여 대추·밤·감을 으뜸으로 하여 좌로부터 놓는다. 그 외는 순서가 없되 복숭아는 안 쓴다. 조과(造菓)류는 옛날에는 다식·산자·강정 등을 썼다. 홀수로 한다. 과일 놓는 순서에 홍동 백서(紅東白西)、조율이시(棗栗梨柿)라는 말도 있으며、실과와 조과를 섞어서 놓는 집도 있다.

제상(祭床) 차리는 법(양위)

수저　밥　국　밥　국　청

국수　육전　육적　소적　채전

떡

어적

육탕　소탕　어탕

포　콩나물　두부　무나물　청장　침채　식혜

밤　배　당과　후두　망과　곳감　사과　대추

제주　잔　향반　향로　향합

모사그릇　축판

대추 밤 편감 사과 배 귤 은행 잣

율란 용단 옥준당 팔보당 중과 강정 다식 산과

빈사과 타래과 다식과 모약과 중계 식혜 수정과 청 떡

적 신선로 닭 해삼 어쩜 갈비찜 잡채 어갈납 육갈납

107

돌상 차리는 법

사과　배　국수　쌀　떡
붓　돈　활
먹　벼루　책　청실홍실　무명

쌀／부유하게 잘 살기를 바라는 뜻

국수／장수를 비는 뜻 장

대추／자손의 번창을 비는 뜻

책／학문을 잘하기를 비는 뜻

활／무사가 되기를 비는 뜻

붓·먹·벼루／명필이 되기를 비는 뜻

청실홍실／수명 장수를 기원하는 뜻

5、지방 쓰는 법

지방을 쓸때에는 몸을 청결하게 하고 깨끗한 백지에 먹으로 쓰며, 가로 6 ㎝, 세로 22 ㎝ 정도로 한다.

남자의 지방을 쓸 때 벼슬이 없으면 學生(학생)을 쓰고, 벼슬이 있으면 그 관직을 쓴다. 부인의 경우는 정경부인을 유인 대신으로 쓴다.

남자 지방의 考(고)는 父(부)와 동일한 뜻으로 생전에는 부(父)라 하고 사후에는 고(考)라 하며, 비(妣)는 모(母)와 동일한 뜻으로 생전에는 모(母)라 하며 사후에는 비(妣)라

고 한다. 여자의 경우에는 유인(孺人)다음에는 본관 성씨를 쓰며, 아내의 경우 자식이 있어도 남편이 제주가 되며, 자식의 경우에는 손자가 있어도 아버지가 제주가 된다.

혹, 재취로 하여 삼위 지방일 경우에는 왼쪽에 남자지방, 중간에 본비의 지방, 오른쪽에 재취비의 지방을 쓴다.

고조부모

顯高祖妣孺人全州李氏 神位
현 고조비 유인 전주 이씨 신위

顯高祖考學生府君 神位
현 고조고 학생 부군 신위

109

顯曾祖妣孺人密陽朴氏 神位

顯曾祖考學生府君 神位

顯祖妣孺人淸州韓氏 神位

顯祖考學生府君 神位

顯^현妣^비孺^유人^인坡^파平^평尹^윤氏^씨神^신位^위

顯^현考^고學^학生^생府^부君^군神^신位^위

백부모

顯^현伯^백母^모孺^유人^인光^광山^산金^김氏^씨神^신位^위

顯^현伯^백父^부學^학生^생府^부君^군神^신位^위

顯(현)叔(숙)母(모)孺(유)人(인)安(안)金(김)東(동)氏(씨) 神(신)位(위)

顯(현)叔(숙)父(부)學(학)生(생)府(부)君(군) 神(신)位(위)

顯(현)兄(형)嫂(수)孺(유)人(인)全(전)州(주)李(이)氏(씨) 神(신)位(위)

顯(현)兄(형)學(학)生(생)府(부)君(군) 神(신)位(위)

112

남편

顯^현辟^벽學^학生^생府^부君^군神^신位^위

아내

故^고室^실孺^유人^인海^해州^주吳^오氏^씨神^신位^위

113

동 생

亡_망弟_제學_학生_생明_명夫_부神_신位_위

자 식

亡_망子_자秀_수才_재永_영德_덕之_지靈_령

114

고조부모

고조할머님 전주 이씨 신위
고조할아버님 　 신위

증조부모

증조할머님 밀양 박씨 신위
증조할아버님 　 신위

조부모

할머님 청주 한씨 　 신위
할아버님 　 신위

부 모

어머님 파평 윤씨 신위

아버님 신위

백 부 모

백모님 광산 김씨 신위

백부님 신위

숙 부 모

숙모님 안동 김씨 신위

숙부님 신위

형·형수　형수님 전주 이씨　신위
　　　　형님　신위

남편　부군　신위

아내　고실 해주 오씨　신위

동생　망제 명부　신위

자식　망자 영덕　지령

*상문시 인사법

조객, 병환이 침중 하시더니 상사(喪事)까지 당하시니 얼
마나 망극 하십니까.

상주, 망극 하기 한이 없읍니다.

조객, 돌연히 상사를 당하시여 얼마나 망극하오이까.

상주, 시탕 한번 제대로 효성 있게 해 드리지 못해 불효
한 죄 크옵니다.

조객, 항상 객지에 나가 있다가 상사를 당하여 더욱 망극
하시겠읍니다.

상주, 일에 쪼들려 모시고 봉양 못 한게 한이더니 또 이런
불효를 저질렀으니 몸둘바를 모르겠아옵니다.

존장(尊長)에게

조객, 상주께 인사 드릴 말씀이 없읍니다.

상주, 상봉하솔에 앞이 캄캄 합니다.

조객, 얼마나 섭섭 하겠읍니까.

상주, 신세가 한탄스럽습니다.

부상(父喪)에

조객, 상사에 여쭐 말이 없읍니다.

상주, 꿈결만 같고 살아 나갈 일이 걱정입니다.

조객, 천붕지통(天崩之痛)이 오죽 하겠읍니까.

상주, 제가 박복하여 아까운 장부가 요수(夭壽)것이 한이
되옵니다.

상처 했을 때 조객과 상주가 주고 받는 말

조객, 얼마나 상심이 되십니까.

상주, 인사 받기가 부끄럽습니다.

조객, 참척(慘戚)을 보시니 오죽이나 비감하십니까.

상주, 가문이 불길하여 이런 일을 당하니 비참할 따름 입
니다.

어린 사람이 죽었을 때

조객, 얼마나 마음이 아프시겠읍니까.

상주, 잊으려 해도 자꾸 기억이 되살아 납니다.

조객, 중씨(仲氏)〈혹은 계씨(季氏)〉의 상을 당하여 얼마
나 애통되십니까.

상주, 부모님께 득죄한 것 같아 죄송합니다.

조객, 복제(服制)말씀 무어라 말씀드릴 수 없읍니다.

상주, 올릴 말씀 없읍니다.

형제우상

조객, 소상(小祥)〈혹은 대상(大祥)〉을 당하시니 얼마나
망극 하십니까.

상주, 망극할 따름이읍니다.

服制法 (복 입는 법)

관계	기간
高祖父母	三月
會祖父母	五月
祖父母	一年
從祖父母	五月
再從祖父母	三月
父 (一父則生年)	三年
繼母	三年
庶母	三年
伯淑母	一年
堂淑父母	五月
再堂淑父弟	三月
姑母	九月
兄弟	一年

관계	기간
兄弟嫂	三月
從兄弟嫂	五月
再從兄弟嫂	三月
三從兄弟	九月
姊妹氏	五月
再從姊妹	三月
長子	三年
次子	一年
女息子	九月
長子婦	一年
次子婦	九月
妻	一年

관계	기간
妻父母	三月
外祖父母	五月
外淑	五月
姨淑母	三月
內從兄弟	五月
外從兄弟	三月
姨從兄弟	三月
女婿	三月
甥姪	三月
甥姪婦	五月
外甥孫	三月

(四禮便覽에 依함)

訃　告

○
○
○大人學生　○○公以宿患○月○日○時

別世茲以告訃
發靷、　○月○日○時　自宅
葬地、　○郡○面○里○
　　　　　　　年　　月　　日

嗣子　○○○
次子　○○○
孫　　○○○
婿　　○○○

護喪
友人代表　○○○
親族代表　○○○

120

축문(祝文)

고사축문 (告詞祝文)

靈輀旣駕往卽幽宅載陳遣禮永訣終天
영 이 기 가 왕 즉 유 택 재 진 견 례 영 결 종 천

○시체를 상여에 실어메게 되었으니、이제가면 바로 유택이옵니다。보내는 예를 베푸오니 이제 영원히 이별인가 하옵니다。

개토축문 (開土祝文)

維歲次○○(干支)○月(干支)朔○日(干支)幼學○○○(祝
유 세 차 간 지 월 간 지 삭 일 간 지 유 학

文敢昭告于
읽는 사람의 이름) 감 소 고 우

121

土地之神今爲學生某貫某公 (여자는 孺人某官某氏) 營建宅兆

신기보우비무후간근이청작포혜지천우신상 향

神其保佑俾無後艱謹以淸酌脯醢祗薦于神尚 饗

○년○월○일에 ○○○는 삼가 토지신에게 고하나이다. 이제 본관 ○○공의 산소를 여기에 차리고저 하와, 많은 술과 포로서 공경하오니, 뒤에 근심이 없게 해주옵소서.

선영하 (先塋下) 고사문 (告詞文)

維歲次○○ (干支) ○月 (干支) 朔○日 (干支) 孫○○○ (축문 읽는 사람)

敢昭告于

顯○親○府君 (先塋 합장이거나 혹은 쌍분이면 함께 쓴다) 今爲○孫 (죽은 사람 즉 축문 을 사람) 營建宅兆 (합장을 할 때는 개토축 때와 같이 고칠 것)

謹以酒果伸虔告謹告
<small>근이주과신건고근고</small>

○년○월○일 ○○의 손 ○○는 삼가 ○○ 어른께 밝혀 고하나이다. 이번에 ○○의 후손 ○○의 무덤을 이곳에 정하려 하와 술과 과일을 올리며 아뢰나이다.

산신축문 (山神祝文)

維歲次(干支)○月(干支)朔○日(干支)幼學○○○
<small>유세차 간지 ○월 간지 삭 일 간지 유학 (축문 읽는</small>

사람)敢昭告于
<small>감소고우</small>

土地之神今爲學生○貫○公(女子일때는 孺人○貫○氏)玆
<small>토지지신금위학생 관 공 유인 관 씨 펌자</small>

幽宅神某得佑俾無後艱謹以淸酌脯醯祗薦于神尙 饗
<small>유택신모득우비무후간근이청작포혜지천우신상 향</small>

○년○월○일에 ○○는 삼가 산신님께 분명히 고하나이다. 이번에 본관 ○○공의 묘를 이곳에 마련하와 술과 포로 공경하오니, 뒤에 근심이 없도록 보호하여 주시옵소서.

123

維歲次(干支)○月(干支)朔○日(干支)孤子○○○(喪主이)

를) 敢昭告于

顯考學生府君形歸窀穸神返室堂神主旣成伏惟尊靈舍舊從

新是憑是依

○년○월○일에 외로운 자식 ○○는 예를 차려 ○○어른님께 고하나이다. 형체는 땅 속에 묻혔아오나 혼령은 집으로 돌아가 주옵소서. 신주는 이미 이루었아오니, 영혼은 새 것을 쫓아 여기에 의지하옵소서.

고조부모 합제축 (高祖父母合祭祝)

維歲次○年(干支)○月(干支)朔○日(干支)孝玄孫○○(孫)

子의 名)敢昭告于

顯高祖考學生府君
현고조고학생부군

顯高祖妣孺人○○(本貫)○氏
현고조비유인 본관 씨

歲序遷易諱日復臨追遠感時
세서천이휘일부림추원감시

不勝永慕恭謹以淸酌庶羞恭伸奠獻尙 饗
불승영모공근이청작서수공신전헌상향

○년○월○일 효손 ○○는 돌아가신 고조부와 ○씨 고조모 어른께 삼가 아뢰옵니다. 해가 바뀌어 어른님들이 돌아가신 그 날이 당도하매 평소 사모치게 그리워했던 정이 새삼스러워 많은 술과 여러가지 음식으로 예를 차리오니 많이 잡수시옵기 바라나이다.

부제축 (夫祭祝)

維歲次○年(干支)○月(干支)朔○日(干支)妻○○○敢昭
유세차 년 간지 월 간지 삭 일 간지 처 감소

告于
고우

顯辟學生府君歲序遷易諱日復臨追遠感時昊天罔極謹以淸
현벽학생부군세서천이휘일부림추원감시호천망극근이청

중요약자(略字)

漢字	讀音	略字	漢字	讀音	略字
價	값 가	価	學	배울 학	学
輕	가벼울 경	軽	繼	이을 계	継
關	관문 관	関	廣	넓을 광	広
區	나눌 구	区	舊	옛 구	旧
權	권세 권	権	氣	기운 기	気
團	둥글 단	団	黨	무리 당	党
當	당할 당	当	臺	돈대 대	台
對	대할 대	対	圖	그림 도	図
獨	홀로 독	独	亂	어지러울 란	乱
兩	두 량	両	龍	용 룡	竜
離	떠날 리	雑	聯	이을 련	聯
賣	팔 매	売	發	쏠 발	発
邊	가 변	辺	變	변할 변	変
寶	보배 보	宝	佛	부처 불	仏
辭	말씀 사	辞	寫	베낄 사	写
狀	형상 상	状	釋	풀 석	釈
選	가릴 선	選	屬	붙을 속	属
數	셈 수	数	壽	목숨 수	寿
實	열매 실	実	雙	쌍 쌍	双
亞	버금 아	亜	壓	누를 압	圧
榮	영화 영	栄	譽	기릴 예	誉
藝	재주 예	芸	豫	미리 예	予
議	의논할 의	议	醫	의원 의	医
藥	약 약	薬	殘	남을 잔	残
蠶	누에 잠	蚕	傳	전할 전	伝
點	점 점	点	第	차례 제	㐧
濟	건널 제	済	證	증서 증	証
參	참여할 참	参			

韓國의 姓氏 — 선조(先祖) 알아보기

상단부 성씨

- ● 賈 가 씨 / 蘇州(소주) 賈維鑰
- ● 簡 간 씨 / 加平(가평) 簡 有
- ● 葛 갈 씨 / 淸州 葛成記
- ● 甘 감 씨 / 合浦(합포) 甘成朝
- ● 姜 강 씨 / 晉州(진주) 姜以式
- ● 康 강 씨 / 信川(신천) 康之淵
- ● 強 강 씨 / 忠州(충주) 強弓珍
- ● 甄 견 씨 / 黃磵 甄萱
- ● 堅 견 씨 / 川寧(천녕) 堅權
- ● 景 경 씨 / 泰仁 景珍
- ● 慶 경 씨 / 淸州(청주) 慶珍
- ● 桂 계 씨 / 遂安(수안) 桂之遜
- ● 高 고 씨 / 濟州(제주) 高乙那 △長興高氏 △開城高氏
- ● 曲 곡 씨 / 龍宮(용궁) 曲矜會
- ● 孔 공 씨 / 曲阜(곡부) 孔紹
- ● 公 공 씨 / 金浦(김포) 公純永
- ● 郭 곽 씨 / 淸州 郭鏡 △玄風郭氏 郭祥
- ● 具 구 씨 / 綾城(능성) 具存裕
- ● 丘 구 씨 / 平海(평해) 丘大林
- ● 鞠 국 씨 / 潭陽(담양) 鞠映光
- ● 國 국 씨 / 潭陽 國智卒
- ● 弓 궁 씨 / 兎山(토산) 弓濟
- ● 權 권 씨 / 安東(안동) 權幸

중·하단부 성씨(金·朴 등)

- ● 金 김 씨 / 慶州金氏 金閼智 △新安東金氏 △光山金氏 金興光 △義城金氏 △金寧金氏 △江陵金氏 △淸道 △舊安東金氏 △商山金氏 金需 외 다수
- ● 吉 길 씨 / 海平(해평) 吉再
- ● 箕 기 씨 / 幸州 箕子
- ● 奇 기 씨 / 幸州(행주) 奇友誠
- ● 琴 금 씨 / 鳳化(봉화) 琴容式
- ● 禮泉權氏 權迍 △橫城趙氏 趙迵
- ● 南 남 씨 / 英陽·宜寧 南敏
- ● 羅 나(라) 씨 / 羅州(나주) 羅富 △錦城羅氏 羅聰禮
- ● 魯 노 씨 / 咸平·光州 魯啓
- ● 盧 노 씨 / 光州·豐川 盧穗 △交河盧氏 盧懿
- ● 段 단 씨 / 延安 段由仁
- ● 唐 당 씨 / 密陽 唐誠
- ● 大 대 씨 / 大山·大興 大祚榮
- ● 都 도 씨 / 星州 都陳
- ● 杜 두 씨 / 杜陵 杜慶寧
- ● 馬 마 씨 / 木川·長興 馬黎
- ● 麻 마 씨 / 永川 麻占中
- ● 萬 만 씨 / 開城 萬世德
- ● 孟 맹 씨 / 新昌 孟世
- ● 明 명 씨 / 西蜀·延安 明玉珍
- ● 牟 모 씨 / 咸平 牟慶
- ● 文 문 씨 / 南平 文多省
- ● 閔 민 씨 / 驪興 閔稱道
- ● 朴 박 씨 / 密陽朴氏·潘南朴氏·咸陽朴氏·竹山朴氏·順天朴氏·高靈朴氏·忠州朴氏·珍原朴氏·寧海朴氏·羅州朴氏·무안박씨·雲峰朴氏·比安朴氏·慶州朴氏·蔚山朴氏·沔川朴氏 외 다수 朴彦忱 등

●潘 반 氏　岐城　潘阜
▽光州潘氏潘忠
兩平潘氏潘自挺

●方 방 氏　溫陽　方智
南陽宋氏宋奎

●房 방 氏　南陽　房玄齡

●裵 배 氏　慶州　裵玄慶
▽金海裵氏裵元凱
星州裵氏
▽大邱裵氏裵盆臣
興海立星州裵氏裵三盆

●白 백 氏　水原　白㮣
▽達成徐氏徐居正

●邊 변 氏　原州　邊安烈
▽黃州邊氏邊安烈

●凡 범 氏　安東　凡永常

●卞 변 氏　草溪　卞智那

●夫 부 氏　濟州　夫智謙

●卜 복 氏　沔川　卜智謙

●賓 빈 氏　大邱
渭城

●彬 빈 氏　大邱　彬文

●冰 빙 氏　慶州　冰如鏡

●史 사 氏　慶州　史聰

●徐 서 氏　達成　徐神逸
▽利川徐氏徐神逸
徐神逸

●石 석 氏　忠州　石隣

●昔 석 氏　月城　昔脫解

●宣 선 氏　寶城　宣允祉

●薛 설 氏　慶州　薛聰

●偰 설 氏　慶州　偰文質
公村

●成 성 氏　昌寧　成仁輔

●蘇 소 氏　晉州　蘇伐都
蘇襲笒

●邵 소 氏　平山　邵光贇

●孫 손 氏　慶州　孫順
密陽孫氏平海孫氏扶安
孫씨가 一然孫氏로되어
있다.
安東孫氏

●宋 송 氏　礪山　宋惟翊
▽恩津宋氏宋大原
鎮川宋氏

●仁 인 氏　新平
冶城宋氏宋希奎
州宋氏宋欽
南陽宋氏宋奎
金海宋氏宋天逢

●荀 순 氏　鴻山　荀慶震

●昇 승 氏　明昇　昌平

●柴 시 氏　泰仁　柴臣賢

●施 시 氏　星州　施文川

●申 신 氏　平山　申崇謙
高靈申氏申成用

●愼 신 氏　居昌　愼修

●辛 신 氏　靈山　辛鏡

●安 안 氏　順興　安子美
廣州安氏安邦傑　竹山安氏安祐

●沈 심 氏　靑松　沈洪孚

夜 야 氏　原本　夜先朝

●梁 양 氏　濟州　梁乙那
梁起

●楊 양 氏　淸州　楊起

●魚 어 氏　咸從　魚化仁

●呂 여 氏　咸陽　呂御梅

●連 연 氏　全州　連珠

●廉 염 씨　坡州　廉漢

●芮 예 씨　義興　樂全

●吳 오 氏　海州　吳仁裕

●同福吳氏吳寧
寶城　吳賢弼

●玉 옥 氏　宜寧　玉眞瑞

●溫 온 씨　溫陽　溫師

●王 왕 씨　開城　王建
강릉 왕씨王裕해주 왕씨王儒

●禹 우 씨　丹陽　禹玄

●龍 용 씨　洪川　龍得義

●于 우 씨　于邦寧

●元 원 씨　原州　元克猷

●庚 유 씨　平山　庚黔弼

●俞 유 씨　杞溪　俞三宰

●劉 유 씨　江陵　劉荃

●柳 유 씨　文化　柳車達

●草 위 씨　章興　草壽昌

●魏 위 씨　長興　魏鏡

●袁 원 씨　比安　袁裵謙

●庾 유 씨　平山　庾黔弼

●尹 윤 씨　海平　尹君正
漆原尹氏尹威
南原尹氏尹秀茂
海南尹氏尹存富

●尹 윤 씨　坡平　尹莘達
尹洪悅

●沃 옥 씨　沃川　沃洪悅

●陸 육 씨　沃川　陸普

●殷 은 씨　幸州　殷弘悅

●李 이 씨　奉州　李渦
延安李氏李襲
廣州李氏李允郷
李吉卷

●李 이 씨　慶州　李謁平
全義李氏李棹
韓山李氏李允卿
星州李氏李敦守

●李 이 씨　固城李氏李璜
眞城李氏李子修
永川李氏李文漢　蔚
陜川李氏李開
公州　
仁川李氏李許謙
龍仁李氏李吉卷

●李 이 氏　全州　李翰
李彦李
眞城李氏李碩
丹陽李氏李珣
淸州李氏李能希

●元 원 씨
陽城李氏李秀長
京山李氏李能一
富平李氏李方撥
咸安李氏李尙
星山李氏李能一
梁山李氏李周衎

●李 이 氏　光州李氏李珣　咸安李氏李尙
洪州李氏
李蔓英
金山李氏李住城

●丁 정 씨　羅州　丁若鏞
瑞山
鳳化鄭氏鄭宗卿

●鄭 정 씨　延日鄭氏鄭宗卿
晉州鄭氏鄭守珪
溫陽鄭氏鄭英粲
淸州鄭氏鄭克卿
草溪鄭氏鄭背天
慶州鄭氏鄭鎰

●錢 전 씨　田寧　錢惟謙
錢約文

●田 전 씨　潭陽　田得時
田祿生

●全 전 氏　天安　全樂
旌善全氏全愃
全以甲
沃川全氏全彦

●張 장 씨　仁同張氏張金用
德水張氏張貞弼

●蔣 장 씨　牙山　蔣壻

●莊 장 씨　草溪　莊宗行

●林 임 씨　羅州　林庇
鎭川林氏林曦
蔚珍林氏林椿

●印 인 씨　延安　印承旦

●吳 오 씨　密陽
吳膺南

●俊 준 씨　俊良

●周 주 씨　尙州　周勃
豐基

●池 지 씨　忠州　池鏡

●智 지 씨　俊

●陳 진 씨　麗陽　陳寵厚

●晉 진 씨　南原

●秦 진 씨　豐基　秦弼明

●趙 조 씨　漢陽趙氏趙之壽
楊州趙氏趙子長
林川趙氏趙天赫
淳昌趙氏趙子長

●趙 조 씨　諸濟　趙浹
漆原趙氏趙凸
白川趙氏趙奕

●趙 조 씨　豐壤　趙孟

●左 좌 씨　靑海　左亨蘇

●朱 주 씨　新安　朱潛

●曺 조 씨　昌寧　曺繼龍

●程 정 씨　한山　程洙

●諸 제 씨　漆原　諸洙

●車 차 씨　延安　車孝全

●千 천 씨　潁陽　千巖

●蔡 채 씨　平康　蔡元光

●崔 최 씨　慶州崔氏崔致遠
海州崔氏崔冲
朔寧崔氏崔思全
和順崔氏崔世基
通川崔氏崔元浩
永川崔氏崔瀣
全州崔氏崔均
江陵崔氏崔必達
江華崔氏崔益厚
慶州崔氏崔元浩
水原崔氏崔瑜
楊州崔氏崔偉
牛峰崔氏崔尙翥

●秋 추 씨　楊智　秋適
滿南崔氏崔洪通
陽川崔氏崔瀣

●太 태 씨　永順

●太 태 씨　光山　卓之葉

●卓 탁 씨　光山　卓之葉

●片 편 씨　片帽頌

●彭 팽 씨　龍岡　彭逸

●表 표 씨　新昌　表繼

●皮 피 씨　原州　皮謂宗

●夏 하 씨　達城　夏欽

●河 하 씨　晉州　河拱辰

●韓 한 씨　淸州　韓蘭

●咸 함 씨　江陵　咸奕

●許 허 씨　陽川　許宣文
金海許氏許琰

●玄 현 씨　星州　玄珪

●胡 호 씨　巴陵　胡克已

●洪 홍 씨　南陽　洪股悅

●皇 황 씨　昌原　黃昌郎
黃忠俊

●黃 황 씨　平海黃氏黃喜
黃昌原

●化 화 씨　豐山洪氏洪之慶

●千 천 씨　潁陽　千巖

●蔡 채 씨　平康　蔡元光

●南宮 남궁 씨　咸悅　南宮元淸

●東方 동방 씨　晉州　東方淑

●瑪孤 마고 씨　南原

●西門 서문 씨　安陰　西門당

●司空 사공 씨　孝靈　司空圖

●鮮于 선우 씨　太原　鮮于友諒

●皇甫 황보 씨　永川　皇甫能長

●諸葛 제갈 씨　南陽　諸葛珪

127

部首名稱 (부수명칭)

部首	명칭
乙	새을변
丶	점주
亠	돼지해밑
人	사람인
儿	어진사람인
八	여덟팔변
刂	선칼도방
冫	이수변
刀	칼도변
力	힘력변
勹	쌀포몸
匚	터진입구변
匸	터진에운담
卩	병부절변
厂	민엄호밑
口	입구변

部首	명칭
彳	두인변
彡	터럭삼
彐	터진가로왈
弓	활궁변
艹	초두
辶	책받침
广	엄호밑
巾	수건건변
山	뫼산변
尸	주검시
宀	갓머리
子	아들자변
女	계집녀변
夂	뒤져올치
土	흙토변
口	큰입구몸

部首	명칭
月(肉)	육달월
月	달월변
曰	가로왈
日	날일변
方	모방변
斤	날근변
斗	말두
文	글월문
攴	등글월문
支	지탱할지
戶	지게호
心(小)	마음심
阝(右,邑)	우부방
阝(左,阜)	좌부방
犭	개사슴록변
丬	장수장변
扌	재방변
忄	심방변

部首	명칭
毛	털모
冈(凶)	그물망
礻(示)	보일시변
王	임금왕변
牛	소우변
牙	어금니아
片	조각편
爿	장수장변
爫(爪)	손톱조
灬(火)	연화발
火	불화변
水	물수
气	기운기
殳	갖은등글월문
歹	죽을사변
止	그칠지
欠	하품흠방
木	나무목변

部首	명칭
歹	죽을사변
立	설립변
穴	구멍혈
禾	벼화변
示	보일시변
石	돌석변
矢	살시변
矛	창모
門	문문
罒	넉사
目	눈목변
皿	그릇명
皮	가죽피
癶	필발머리
广	병질안
田	밭전변
辶	책받침
艹	초두

部首	명칭
衣	옷의변
行	다닐행
虫	벌레훼
虍	범호밑
艸	풀초
舟	배주변
舌	혀설변
聿	오직율
耳	귀이변
耒	가래뢰
老	늙을로
羊	양양변
网	그물망
缶	장군부
糸	실사변
米	쌀미변
竹	대죽변
衤(衣)	옷의변

部首	명칭
阜	언덕부변
門	문문
金	쇠금변
里	마을리변
采	분별할변
酉(酋)	닭유변
邑	고을읍
辵	책받침
車	수레거변
身	몸신변
足	발족변
走	달릴주
貝	조개패
豸	갖은돼지시변
豕	돼지시
豆	콩두
言	말씀언변
角	뿔각변

部首	명칭
齒	이치
鼻	코비
麻	삼마
麥	보리맥
鳥	새조변
魚	고기어변
鬼	귀신귀변
鬲	오지병격
門	싸울투
髟	터럭발
骨	뼈골변
馬	말마변
食	밥식변
頁	머리혈
韋	가죽위변
革	가죽혁변
雨	비우변
隹	새추